# 臨床心理学教室のパンプキンさん

## 心の痛みを持つ人の自己治癒能力と生きる力の再生についての物語

薄井洋基

22世紀アート

# 目次

# 第一章　パンプキンさんのゼミ訪問

皆さん、私は阿部夏帆、あだ名はパンプキンです。よろしくね。なぜ私はパンプキンさんと呼ばれるのでしょう。

幼稚園の時は「かほちゃん」と呼ばれていましたが、小学校になって「かほちゃん」が「かぼちゃん」になって、最後は「かぼちゃ（南瓜）」になってしまいました。私はこの呼び名が嫌いで、ある時おじいちゃんのセイさんに相談しました。おじいちゃんは、

「かほちゃん、小学校の時は男の子たちが色々とふざけて、からかうものだよ。おじいちゃんもね、小学校の同級生の女の子に『笑子』ちゃんと言う女の子がいて、「タケテンコ」と呼んでいました。同級生の誰かが笑子を『竹天子』と分解してニックネームにしたのです。今でもそんな呼び方をしたことを。悪かったと反省しています。南瓜は英語でパンプキンと言うのだよ。友達に『これからはパンプキンさんと呼んでね』と言ってご覧。かわいい名前だし皆もきっとパンプキンさんと呼んでくれるよ」と教えてくれました。

『パンプキンさん』はなんだか赤毛のアンのお話に出てくる女の子のような感じで、私はこの呼び名が好きになりました。友達にも

「これからは私のことをパンプキンさんと呼んでね」と言いました。

それ以来、友達も家族も近所の人たちも、私のことを「パンプキンさん」と呼ぶようになったのですよ。嫌なあだ名からいじめになりかねない状況の時に、おじいちゃんの助言で、私の気にいったニックネームにうまく友達を誘導して、いじめを回避できたことは私の自信になりました。

私は中学校と高等学校は地元の公立学校を卒業しました。中学校ではバレー部に入って部活で活躍しました。親元を離れて大都会の大学に進学したい気持ちもありましたが、親に負担をかけたくなかったのと、子ども達の不登校や引きこもりの悩みを少しでも助けてあげたいと思ったので、地元のＵＦ大学に入学して公認心理師を目指して頑張っています。公認心理師カリキュラムを持つ4年制大学の学部を卒業後、大学院に進学して2年間のカリキュラムを終了したのち国家試験に合格すると、公認心理師資格が与えられます。私は公認心理師を目指していますが、民間団体である日本臨床心理士認定協会の試験に合格して認定を受けると臨床心理士の資格を得る道にも興味があります。

人を救う仕事は、医師や看護師、介護士などたくさんの職種がありますが、私は心の悩みを持つ子ど

も達に寄り添って、子ども達の苦しみを救いたいと考えて、大学の心理学部に入学しました。それから３年経って、４年生への進学にあたって臨床心理学を目指すこととしました。私の大学では学部を卒業後、大学院に進学して、臨床心理学のコースを修了すれば、公認心理師（国家資格）の受験資格が与えられます。また、大学院修了者は民間資格の臨床心理士の受験資格も与えられます。私は公認心理師になって沢山の子ども達の役に立つ仕事をしたいと考えています。

３年生の授業が終わって、春休みに入る前の週にゼミの配属が決まりました。私は臨床心理学の担当教授の宮下先生のゼミを第一希望にしていましたが、幸い希望通りのゼミに入ることが決まりました。同級生は春休みで大半の人たちが帰省しましたが、私は実家がＵＦ大学から車で30分ほどの小野湖の近くなので、３月の終わりのある日、宮下ゼミの学生や院生がたむろしている居室に顔を出すことにしました。初めて先輩たちに会うので、今日は藍色のロングスカートにスニーカー、白いブラウスの上にアイボリー色のパーカーを羽織って、髪形はロングヘアをシュシュでまとめました。私は中学校の時にバレー部で活躍していた頃に伸長がぐんぐん伸びて、１６５cmとなり、割と長身です。鏡に向かって、まあまあのコーディネーションかなと思って実家を出発しました。

私がゼミ室に入って行くと男女の４人の学生たちがいました。最初に目についたのはボクシングのチャンピオンのようなひげ面で体格の良い院生でした。１年上でも良く目立つので、私はこの先輩を以前から「チャンピオン」と勝手に名付けていました。その横でニコニコしているのはちびまる子ちゃんの歌に出てくるタッタタラリアさんによく似た人でした。「タッタタラリア　ピーヒャラ、ピーヒャラ　おどるポンポコリン」と歌う歌手は男性ですが、男女に関係なくタッタタラリアさんと呼ぶにふさわしい人はいるのです。決して不美人とか言うのではないのですよ。生命力にあふれて、飛び跳ねている感じがするのです。体はチャンピオンとお似合いの大柄な女性で、顎が張ってボーイッシュな髪形にしています。

チャンピオンが「やあ、今度ゼミに配属されたひとだね。ようこそ」と言ったので、私は次のように挨拶しました。

「今度ゼミに配属になった阿部夏帆です。どうぞよろしくお願いします。私のことはパンプキンさんと呼んでください」

「何でパンプキンさんなの？」とチャンピオンがきくので、私は何時ものように

「夏帆はカホちゃん、カホちゃんからカボちゃん、カボちゃんはカボチャ、カボチャはパンプキン、それでパンプキンさんです」と言ったら、チャンピオンが

「あっはっは、これは傑作だ。それならこれからパンプキンさんと呼ぶね」

と言って、隣に座っているタッタタラリアさんを紹介しました。

「僕の嫁さん、増田実弥です。僕たちは2週間前に結婚したばかりです。彼女はバイト先の同僚で、結婚後も今の仕事を続けています。ミヤちゃんはここのゼミ生ではないので、本当は居てはいけないのだけれど、春休み中だから先生も許してくれるよね」

チャンピオンと似合いのタッタタラリアさんは、にこにこしながら

「パンプキンさん、よろしくね。私たちのアパートは狭いけれど、近い内に遊びに来てね」と誘ってくれました。

ゼミ室の窓に近い方のソファーに座っているのは落ち着いた感じの長身の大学院生でした。

「パンプキンさん、僕は正司雅也です。修士2年生です。隣に座っているのは原田有希さん、同学年です」

マサさんとユキさんは一目瞭然の恋人同士です。雰囲気ですぐわかりますよね、こんなカップルは。ユキさんは清楚な感じの薄青色のワンピースをまるで春の花のように着こなしていて、やせ形の横顔がきりっとしまっていてショートカットの髪形がよく似あいます。私が見てもほれぼれとする容姿の人です。私は二人を一目見て、うらやましいなと思いました。

「パンプキンさんは何を目指してこのゼミに入ったのかな」とマサさんが尋ねたので、

「私は子どもが好きで、大きくなったら子ども達の教育に携わりたいと思っていました。私の周りには

健康でなんの屈託もない友人が多かったのですが、中には病気の子や、引きこもって登校拒否になった同級生もいました。そんな友達を何とかしてあげようと思いながら、どうしたら良いのかが分からず歯がゆい思いをしてきました。大学受験の時期に、家からも通えるＵＦ大学に心理学部があり、卒業後に大学院に進学して臨床心理学の研鑽を積めば、公認心理師の資格を得るための受験資格が与えられることを知りました。将来は公認心理師として、子ども達の色々な障害のケアをしていきたいと思っています」

「パンプキンさんの想いはよく分かったよ。ところで、今の話では、地元出身なの？」

「はい、私の家は車で三十分ほどの小野の湖畔にあります。小野はご存知のように宇部市の中山間部にあります。今も過疎化が進みだんだんと高齢の方ばかりが増えています。私の父は宇部市の工場に勤めています。私は小野の里で育ちましたが、小さい頃は交通が不便で、宇部市の市街地に出てくることはめったにありませんでした。小野小学校、中学校と地元の田舎生活にどっぷりつかって、高校生になってようやく宇部市の中心部にバスで通うようになりました。だから、地元で話をするときはまったくの宇部弁です。語尾に　トル、チョル、ソ、ホを付けて、時々　ブチを挿入したら地元の人らしくなりますよ」

チャンピオンが笑いながら、

「全くその通り。パンプキンさんは話をするのが上手だね。僕は北九州出身で九州弁が強いのだけど、宇部に来て皆さんの会話を聞くと、パンプキンさんの言う通りだわ。ところでずっと家から通うつもりなの？」

「大学を卒業したら一人暮らしをしたいと思いますが、もう1年家から通って、修士2年になったら実習などでも忙しくなるので、一人暮らしを始めようと思っています」

「他のゼミニューフェイスは春休みで今日は顔を出さないようだから、パンプキンさんの歓迎会を兼ねて、お弁当を持ってキャンパスのお花見に出かけようか。桜の花もちょうど見頃だしね。ところでパンプキンさんはお弁当を持っているの？」

と、チャンピオンが尋ねるので、私はバッグの中から母が作ってくれたお弁当を見せびらかしました。父のお弁当を毎日作るので、私の弁当は母の負担にならないのです。私も時にはお弁当を作るのを手伝うのですよ。

「彼が今日はゼミ室に行こうと言うので、頑張って二人の弁当を作ってきました。少し余分に作ったので、ゼミ室の皆さんと分けあっていただきましょう」タッタタラリアさんが、手作り弁当を見せて、一緒に食べようと誘ってくれました。マサさんとユキさんは売店の弁当を買って行くこととしました。

キャンパスの桜の木の下は、いくつかの学生のグループが屯して、お弁当を開いたり談笑したりしています。パンプキンさんはお母さんが焼いてくれた出汁巻き卵を皆に分けてあげて、タッタタラリアさんの唐揚げをいただきました。タッタタラリアさんはスーパーのお総総菜係りでアルバイトして、夜はスナックのカウンターの中でいるそうです。チャンピオンも同じスナックで夜のアルバイトをしています。3月の初めにチャンピオンはゼミ担当の宮下先生のところに、タッタタラリアさんと結婚したい旨を伝えたそうです。先生は話を聞き終わると、椅子から立ち上がってきちんと礼をして、「結婚おめでとうございます」と言って祝福してくださったそうです。何か言われるかとはらはらしながら教授室に入ったチャンピオンは、とっても感激したそうです。二人は宇部市のタッタタラリアさんのご両親、北九州市のチャンピオンのご両親に結婚の決意を伝え、3月中旬に婚姻届けを提出したそうです。結婚式も新婚旅行もまだだそうです。

「マサさんとユキさんは仲がよさそうですが、恋人同士ですか?」とパンプキンさんが遠慮なく質問すると、ユキさんが少し恥ずかしそうに、

「恋人同士かと言われると、ちょっと違うようだし、良い友達としてお互いの研究の討論とか意見交換をしています」と答え、マサさんは次のように捕捉しました。

「少し古いけれど、中島みゆきの唄に『二艘の船』があるのだけれど、パンプキンさんは知っているの

かな。私たちはあの唄のようにお互いの舷灯を嵐の中でも見失わないようにしながら、同じ方向に進んでいる二艘の船だと思っている」

私も中島みゆきの唄は良く知っているので、マサさんの言う意味はわかりました。でも二人は同じ方向を目指す同士というより、やっぱり恋人同士なのだと、心の中で密かに思いました。マサさんは広島市の出身で、お父さんがお医者さんだそうです。医師になるか公認心理師になるかで悩んだそうですが、自分の能力とやりたいことをよく考えてこの大学を選択したそうです。マサさんは現在は、大学院生として臨床心理学研究論文の作成に向けて頑張っているそうですが、神戸大学人間発達環境学研究科の人間発達専攻後期課程（心理学系）を目指して受験勉強に励んでいるそうです。入試は8月末と2月末の2回受験可能だそうです。今は8月末の第一期入試に向けて。大変忙しい口ぶりでした。ユキさんは広島県の鞆の浦出身だそうで、ＵＦ大学の大学院博士前期課程を修了後は実務につきたい希望をもっているそうです。マサさんが上手く神戸大学大学院に合格出来たら、当分遠距離愛を続ける覚悟をしているようでした。

晴天の桜の木の下で、お弁当を食べて満足した私たちはゼミ室に帰って行きながら、私はこの先輩たちとこれから1年間、仲良くしていけそうな気がしていました。

# 第二章　パンプキンさんの個別カウンセリングレポート

臨床心理学の授業では個別のカウンセリングは重要な課題です。担当の宮下先生が学期始めの４月の授業中に次のようにおっしゃいました。

「臨床心理学では、不調を訴える人に対してカウンセリングを行い、その中から問題を見つけ出した上でクライアントに寄り添い、医師や社会福祉士、精神保健福祉士などとチームを組んで治癒に持って行ける能力を身につけることが重要です。皆さんは今の段階でカウンセリングを行うことは時期尚早だと思います。その代わり、身近の人たちの中から誰か適当な人を選定して、その人の悩みや苦しみを聞いてあげてください。そのインタビューを自分なりにまとめて、問題を解決するためにはどうすればよいかを考えてみてください。相手の人からは、どのような苦しみなのかを聞くだけで、今の段階では決して解決しようとしてはいけませんよ。あくまで、聴くだけにとどめておいてください」

自宅で両親にインタビューの話をすると、お母さんが

「それなら神戸のおじいちゃんが良いわよ。きっと夏帆のレポートに役立つお話をしてくれるわよ」と言い出して、お父さんもそれが良いと薦めてくれました。

私は5月の連休に神戸のおじいちゃんのところに遊びに行くと決めて、神戸のおじいちゃんに個別カウンセリングの練習台になってもらおうと考えていることを電話で伝えました。私は連休の初日に新山口から新幹線に乗って神戸に向かうことにしました。

神戸には私のおじいちゃんとおばあちゃんが住んでいて、名前を阿部セイと阿部みどりと言います。二人は、セイさん、ミドリさんと呼び合っています。私は「神戸のじいちゃんとかセイさん」「ミドリさん」と呼んでいます。二人は神戸市中央区の諏訪山マンションに住んでいます。諏訪山マンションは阪急三宮駅からトアロードを六甲山の方に緩やかな坂道を登って、六甲山の山麓に達して少し道沿いに西方向に曲がったところにあります。何度も行っているので道は良く分かります。

今回は三宮まで地下鉄で行くのではなく、観光客の皆さんと一緒に新神戸駅から風見鶏の家とか色々な異人館のある山本通りを西に向かって歩いて行くことにしました。山本通りをトアロードまで抜けるともう諏訪山マンションが見えてきます。新神戸駅からミドリさんに「これから歩いて諏訪山に向かいます」と電話しておいたので、ミドリさんがマンションの入り口まで迎えに出てくれていました。ミドリさんは私をハグして、

「夏帆ちゃん、よく来たわね。久しぶりに会えてうれしいよ」と喜んでくれました。ミドリさんはコロナの影響もあり、山口には私が高校生の時に来たのを最後に、ずっと自粛生活を続けてきました。

部屋に入るとセイさんが待ちかねていて、

「ようこそ、パンプキンさん。久しぶりに顔を見ると、ずいぶん娘らしくなったね」と、とても喜んでくれました。

「さて、これからどうしようかな。どこかに遊びに行くの」とミドリさんが誘ってくれました。私は臨床心理学の個別インタビューを「神戸のおじいちゃん」にお願いすることが主目的であることを、既に伝えてありました。それ故、今回の二泊三日の神戸滞在中に、十分な時間を取って「神戸のおじいちゃん」から聞き取る必要があるので、今日の午後と明日の午前中はヒアリングに集中したいと言いました。ミドリさんが少し遅めのランチを用意してくれて、夜は三ノ宮のモーリアというレストランに神戸牛のステーキを食べに行くこととしました。「せっかく神戸に来たのだから、神戸牛を食べなくっちゃ」と、私は以前から楽しみにしていたのです。また、明日の昼頃にはミドリさんと一緒に三ノ宮駅前のそごう神戸へいって、私の外出着を買ってくれることになりました。

神戸のおじいちゃんことセイさんは予め、話の要点をA４用紙三枚ほどにまとめておいてくれたので、ヒアリングは順調に進めることが出来ると思いました。また、用意していたボイスレコーダーを使うこともセイさんの了解を取りました。以下は渡されたメモに、ヒアリングの内容を書き加えて、私がレポートとしてまとめたものです。レポートはセイさんを一人称として、セイさんの告白の形にしています。

## 2—1　セイさんの発病から手術までの記録

小学1年生の夏頃から、私の歩き方が少しおかしいと両親が気付いて地元の外科医に診てもらったところ、どうやら左股関節に炎症が起こっており、専門医にちゃんと治療してもらう必要があると言われました。そこで私の股関節のレントゲン写真をもって父が高松市の整形外科病院に行き、診断を仰ぐとペルテス氏病とのことでした。左股関節部分が壊死を起こしつつあるとのことで、当面は荷重をかけないようにベッドに横になって、左足を下方に引っ張った状態に保つとのことでした。具体的にはベッドの足元の方に滑車で錘を吊るして、そのひもを滑車で水平方向に向けて私の左足を日夜引っ張り続けると言うのです。最初に整形外科のお医者さんから両親に、「この病気は回復するまで時間がかかり、十年で治ればよい方だ」と言われたそうです。両親と祖母は暗たんとした気持ちで、その夜は遅くまで相談をしていました。

十月には高松の病院に入院することとなり、母と当時小さかった妹が一緒に病院に泊まり込むこととなりました。父は毎週、週末には高松に見舞いに来て、毎回畑の麦を一株抜いてきて、この麦が大きくなって実がつく頃には退院できるので頑張れと言ってくれました。その内に私の病気は単純なペルテスではなく、結核菌が患部に巣くっている股関節結核との診断が出ました。第2次世界大戦後の昭和20年台は、肺結核に多くの人が罹患して、亡くなる人が多かったのです。肺の大手術が行われるようになっても、長期の療養を必要とする難病でした。股関節結核も数は少なくても患う人は所々に居て、私の村にも戦前に隣の部落で若い娘さんが私と同じ病気で、長期に渡って苦しんだ話を聞きました。彼女は股関節から膿を出しながら、青春時代を実家の納屋のようなところに隔離されて過ごしたそうです。ようやく病状が落ち着いた時には、教育も受けられず青春を空しく闘病に費やしたとのことでした。私も一世代前の戦前に生まれていたら、同じような運命をたどったかもしれません。

当時は、カリエスといえば脊椎カリエスが多く、高松市の病院には十名を超えるカリエス患者の若い女性が入院して、毎日病院のロビーに天井から垂れた紐の先端に、首を吊るす装具を付けておしゃべりしながら首をつっていました。私の場合は腰の関節に負担をかけないように、横臥したまま、紐を滑車で直角に曲げてその先端に錘を付けていました。昭和二十七年当時は、結核の特効薬であるストレプトマイシンもそれほど一般的ではなく、もっぱら牽引が主な治療法でした。カリエス患者の女性達は、多くは高松市の住人で、高松空襲の時の焼夷弾の恐怖を良く語ってくれました。　私自身は小学校1年生で、当時はそれほど心理的な軋轢もなく、入院生活を過ごしました。十月に入院して、当初六ヶ月程度の入院予定であったのですが、約二ヶ月で退院の許可がでて、自宅療養することになりました。年の瀬が迫った年末には退院して、家に帰って正月を迎えました。小学校には翌年の4月から2年生として復学しました。

小学2年生の時は体育の時間は見学ですが、何とか学校を休まずにいました。小学3年生になると股関節の痛みが出て、1月から3月まで地元の外科医院に入院しました。しかしながら病状は好転せず、いよいよ何処かの病院で徹底的な治療をしないといけないという医師の判断でした。小学4年生の春からは、痛みで歩けなくなり小学校は休んで、自宅で寝る状態でした。一階の居間に寝ていて、トイレに行くのも障子や柱に掴って、左足には荷重を掛けないようにしないと痛みが酷い状態でした。5月頃に、母に負ぶってもらって愛媛県今治市の有名な整形外科医に診てもらいました。ここでも手術による抜本的な治療が必要であろうとの説明を受けて帰ってきました。病院から今治駅まで帰るのに、当時はタクシーなどもなくて、私をおぶった母は気力を失ったのでしょう、たまたま人力車が流していたのを捕まえて、母と二人で今治駅まで乗りました。昭和二十年代後半でも、大きい町では人力車が流していました。

このように、医師と治療法を探している時に、どこから聞いたのか分かりませんが、高松の日赤病院に吉峰医師と言う方が居ると言う情報が伝わりました。吉峰医師は、京都大学の医学部整形外科を修了して、若手ですが優秀な医師であるとのことでした。私は痛みで動けなかったので、父がレントゲン写真を地元の外科病院から借用して吉峰医師に相談しました。その結果、高松日赤で手術することになり、小学4年生の8月末に入院しました。入院当日は父が私をおぶって、親戚の叔父さんが、布団などを荷物にしてかついで両親と私と一緒に、予讃線の列車に乗った記憶があります。高松の日赤病院に着いても、入院の部屋が空くのが夜になると言われて困りました。病院の前の食堂だったと思いますが、頼み込んで二階に休ませてもらって、暗くなってようやく病室に入りました。二人部屋で、同室の高島さんという方は目が悪くて明るい光は避けるとのことで、本当に薄暗い部屋にたどり着いた私は母と妹と一緒の入院生活を始めました。因みに、父は勤務があるので祖母と実家に居り、毎週末に高松まで見舞いに来てくれることになりました。同室の高島さんは多度津市の西にある海岸寺の方でした。高島さんは後に眼も回復して、私が大学の時代まで、時に私の実家に母を訪ねてきたりして交流が続きました。高島さんは多度津と海岸寺の中間の辺りの無人島を所有していて、御主人と二人でその島に行くのが楽しみだと話していました。

高松日赤は県庁の隣にありました。丁度、香川県庁は立替工事の最中で毎日、工事の音が響いていました。（後で知りましたが、この県庁は有名な建築家の丹下健三氏が設計したそうで、現在は国の重要文化財になっています）父は理科の教師だったので、鉱石ラジオを自作して、レシーバーからラジオ番組が聞けるようにしてくれました。病棟の窓には晩夏の朝顔が咲き乱れて、母は早速押し花にして思い出に残しました。

　手術は9月末に行なわれました。手術の前日にはリンゲル液を右下肢に注入して、右足がパンパンになって、通常の2倍くらいの太さになってしまいました。手術は9時間程度の大手術でした。脊椎に下半身麻酔をされて横向きの姿勢でいましたが、私は手術台の下におかれたバケツに血のついたガーゼがどんどん投げ込まれるのを見ながら不安な時を過ごしました。予め輸血のための血液型を調べて、AB型と判定されたのですが、当日AB型の血液を輸血すると、すぐに蕁麻疹が出て体がかゆくなり、医師の判断で輸血を中止し、その後は輸血なしで行けるところまで行こうと医師が話していました。左の股関節を外して骨盤と大腿骨の病変部を鑿と金槌で削り始め、骨盤が削られているのだなと感じた頃から、多分貧血のためでしょう、私は気を失いました。ストレプトマイシンを十分に振り掛けて、骨盤と大腿骨を接合して縫合、ギブスを巻いて手術は終わったそうです。手術は成功しても、左の腰の関節は融合して曲がらなくなるといわれていました。手術当夜、朦朧とした状態の中で、私は腰の関節を曲げて元気にどんどん走っている夢を見ました。私の体は生まれた赤ちゃんが羊水に包まれたような感じで、色は全身暗緑色でした。私はやはり暗緑色の草原をどこまでも走って行くのです。目が覚めて、あれは自分が走る最後の姿だったと思うと悲しくなりました。この夢の情景は、現在でも記憶に残っています。

話は変わりますが、私が小学校2年生のことでした。秋の夕暮れは日が落ちるのが早くて、午後8時前でしたか、家の右手50 mのところにある国鉄バスの停留所にバスが止まり誰かが降りてきました。バスが通り過ぎてすぐ後にお母さんと子ども達が何か話をしながら家の前を左手方向に歩いて行きました。私の家は小学校に一番近く、文房具と雑貨と子どものお菓子類を商う雑貨屋でした。当時、リュウマチのため杖歩行になっていた祖母と一緒に私は店番をしていました。親子が通り過ぎて、家の横の「くによし池」の堤防に差し掛かったと思われるタイミングで、誰かが水に落ちる大きな音が聞こえました。祖母は、

「誰かが池に落ちた！　自転車屋に走って誰かが落ちたと知らせ！」と叫びました。私はすぐ堤防に沿って水面を見ながら池の向こうの須藤自転車店に走りました。母親なのか子どもなのか分かりませんでしたが、上弦の月に照らされた水面に落ちた人の頭がもがきながら沈みそうになっているのが目に入りました。あとで思い起こすと、この人の頭が、私が手術の当夜に見た私のラストランの姿に重なります。

自転車屋の人が近所の家々に知らせて、元気な若者はすぐ池に飛び込んで潜りました。壮年の人たちは竿や綱を持ち出して救助活動を開始しましたが、夜の暗い水中のことで沈んだ人をなかなか救い出すことが出来ませんでした。その内に、「子どもは家に帰っていなさい」、と大人に言われて、私は祖母と一

緒に我が家の店で過ごしました。誰かが池に向かって自動車のライトを照らしたり、大きい焚火を始めたりする様子を見聞きしながら、不安な気持ちで落ちた人が救助されるのを待っていました。かなり時間が経って救助されたときには既に心肺停止の状態で、結局同じ部落のSさんのお嫁さんと2人の子ども達が亡くなってしまいました。当時は堤防にガードレールもなく、亡くなったお嫁さんは「鳥目だった」のが不幸を招いた、と後で噂をききました。岸から離れた水面に母親なのか子どもなのか分かりませんが、黒い頭だけが浮いていたのを見たのは私一人だけでした。池の水面が見える私の家の廊下は何となく死のイメージを私にもたらしました。

さて、高松日赤病院における手術後の経過は順調に経過しました。十二月のクリスマスイブに病院の看護婦さんたちが聖歌隊を組んで、各病室にプレゼントを配りながら行進をして、田舎でクリスマスも何も知らなかった私と妹は大変、刺激を受けました。その後数日で、年末には退院をしました。退院の日は故郷の町に1台しかないタクシーをチャーターして迎えに来てもらいました。帰り道は高松市から琴平街道を通り、琴平を過ぎると伊予見峠を下って私たちの町に入ります。当日は冬の雲の間から午後の太陽の光線が帯状に斜めに照らしており、ちょうど滝宮（高松と琴平の中間地点）を通り過ぎる頃、長距離の車に乗ることのなかった私は、少々興奮しながら冬の日差しを見つめていました。

## 2―2　悪夢

退院して家に帰ると、2ヵ月毎の高松の日赤通いの他はじっと寝ている毎日です。3月末には体力も回復して4月から復学することになりました。4年生までの担任は小西先生でしたが、先生のお話では1年間休学したものの、成績は良いので落第せずに5年に進級する選択肢もあると内々のお話でした。しかしながら、体力的に後2年で中学校に進級することが可能かどうか、不安があったので1年下の学級に編入することになりました。私としては、落第は大変辛かったのですが、どうしようもありません。4月から新しいクラスに馴染んでいくこととして、担任は小西先生から酒井田先生に代わりました。

結核菌の活動が落ち着いて来るのかどうかを、定期的な経過観察（股関節のレントゲン撮影と赤沈検査）で再発の有無を判断することになりました。再発すると再入院と手術が待っているので、日赤病院に母と行く日には無事に乗り切れますようにと、早朝ベッドの中で神様に手を合わせてお願いするのが習慣になりました。入院中に宗教の勧誘に来る人が多く、成長の家の活動家が置いて行った子供向けの読本を、退院後も持ち帰ってよく読みました。観音様信仰が根底にあり、質素な生活を心掛け、小さい命も大切にしようと言う教えでした。母は宗教には向かいませんでしたが、私が手元にその本を置いておくことは黙認していました。

入院中にギブスが取れた後は、コルセットを装着することになりました。コルセットは左足に加重が掛からないように下肢の先端は浮かして、大腿部とふくらはぎ部をコルセットで締め付けて、膝は両側の金属のジョイントで上下を接続して曲がるようにしていました。また、腰の部分で骨盤の内側部とコルセットが接して加重を支える構造となっています。また腹部は、コルセットで締めつけて体に固定します。これで何とか一人で歩行できるようになりましたが、靴が履けません。そのため、中学校を卒業するまでの6年間は、右足は下駄を履き、素足の左足はコルセットの金属の支柱で支えていました。また、膝を曲げるたびに金属のジョイント部分がズボンに食い込んで、新しい学生服も数日で膝の両側が切れて外から金属が見えるようになります。母はズボンの破けた個所を縫ってくれますが、とても追いつかないので何時もぼろぼろのズボンを履くことになりました。

「健康な身体に健全な魂が宿る」と学校の授業でもよく言われました。「それなら僕の魂は健全にはなりえない」、とその言葉を聴くたびに思い知らされました。外見的なコンプレックスはそれに止まらず、鏡を見ると、自分の意識が体から離れるような気がして、当時から鏡を正視することが出来なくなりました。一方、家庭内の揉め事も少なからず心理的な圧迫となってきました。当時、祖母が健在で、文房具・雑貨店を経営していましたが、高校教師の父と良く喧嘩をしました。特に、父に無断で家の方位を占ってもらい、風呂場の焚口が家の鬼門に当ると言われて、父の知らない間に風呂場の改築をしてしまいました。父は迷信だと言って大変怒り、２階から物を投げる等、家庭内暴力に走りました。

高松日赤での手術前の血液型検査で、私はＡＢ型であったことから、父は両親の血液型の組み合わせからＡＢ型の子供が生まれることは無いと言って、母に強く当りました。当時はこのことは私に伏せられていましたが、かなり深刻な状況だったと思います。後年、私が成人後に血液型を測ることがあり、Ａ型であることが判りました。手術の際にＡＢ型の輸血を行って血液不適合の症状があったことからも、ＡＢ型は疑わしいと思われていました。十数年間は父も母も、このことについては何も言わず、Ａ型と分かった後で、母は私にあの時は大変だったと述懐しました。

高松の日赤病院を退院した後の生活は、身体的には平穏に回復期を迎えていましたが、私の心は段々と病気の圧力に耐えられなくなってきたようです。小学校5年生の頃には、いわゆる金縛り状態によくなり、特に夢の中で何度も同じ幽霊が出てくると、恐怖でどうしようもなく、最後に叫び声をあげて目を覚ますまで苦しみました。

約三十年後に、インドネシアのバリ島に滞在した折に、バロンと言う聖獣を見ましたが、姿と大きさは全く夢の中の幽霊と同じでした。ただし、顔は日本の男性幽霊の怖い顔でした。この幽霊が何時も決まって、家の横の「くによし池」に面した廊下のトイレ側から現れて、部屋に入ってくると布団の上から覆いかぶさってきます。だんだん、エスカレートしてくると、目が覚めても半分うなされたようになって両親も心配そうに見ているのが分かりました。私はこんな怖い思いをするのはもう嫌だと思うのですが、幽霊は繰り返して私に迫ってくるのです。当時はストレスによるであろうと思われる心の障害は、小学校でも心理療法のためのカウンセリングを行うシステムはできていませんでした。村には内科と外科の医院がひとつずつあるだけで、精神科の病院に相談することは全く考えられませんでした。結局子どもの精神が発達してきて自己治癒するのを待つより方法がなかったようです。

## 2—3　ひさっさん

昭和30年前後の時代は自宅にテレビもなく、寝ている私のできることは本を読むことだけでした。自宅には父の専門書はありましたが、子供向けの本は無くて小学校の図書館の本を借りることとなりました。この本の借り出しと返却の役目を買って出たのが同じクラスの尚（ひさし）君でした。私は「ひさっさん」と呼んでいました。彼は小学校入学時からの友達で、家は隣の部落の農家でした。「ひさっさん」は毎週、手当たりしだいに十冊ほどの本を小学校から借りて私の家に届けます。私はそれをどんどん読んで、終わると次の本を借りるように「ひさっさん」に頼みます。このようにして、4年生が終わるころには小学校の図書室のめぼしい本はほとんど読みました。私の村には本屋さんが1軒もなかったので、子供向けの本には飽き足らなくなった私は、母に「何かもっと本は無い？」とねだりました。近所のTさんの家には吉川英治の宮本武蔵が全巻揃っているので、これはどうだろうと言うことになりました。大人の本だけど、まあ良いだろうと言うことで、私は貸してもらった宮本武蔵を読み始めました。旧仮名使いにもすぐ慣れて、読み進めましたが、大人の感情がどれほど理解できたのか分かりません。でも武蔵とお通さんの恋心についても大いに理解が進んだことは間違いありません。本を読みたくても近くに本屋も公的な図書館もない田舎の村でした。母が婦人雑誌を買ってくると、井上靖の「しろばんば」が連載されていて、毎月こっそりと読んでいました。

「ひさっさん」とは、私が留年しても付き合いが続きました。「ひさっさん」は、本の借り出しに協力してくれるだけでなく、体の動けない私に代わって色々なことをしてくれました。真砂（まさご）が欲しいと言うと、８㎞ほど離れた観音寺の有明浜まで自転車で行って、真砂をとって来てくれました。小学5年生の背の小さい「ひさっさん」が夏の暑い日に、顔を真っ赤にして袋一杯の真砂を運び入れてきた時は、祖母と母が心から感謝しました。「まさご」は、大抵は薄い褐色の小さい巻貝ですが、中には淡紅色や青色の貝が混ざっています。乾燥して匂いが消えたこれらの貝を床に並べて、それぞれを物語の主人公にして情景を再現することでよく一人遊びをしました。それほど深い意味のある物語でもなく、貝によるディスプレーも単純なものでした。大人になってヘルマンヘッセのガラス玉演戯を読んで、あの時のディスプレーはガラス演戯の真似事だったかもしれないと思って、懐かしい思い出に浸りました。ヘッセは近未来の社会において学術と音楽などの芸術を統合した精神の表象を、ガラス玉を（多分3次元的に）並べることによって表現しようとする行為のことを描いています。

「ひさっさん」が中学に行くまでは学年が1年上になったものの、よく遊びに来てくれました。彼は中学生になると、放浪癖が出てきました。自転車でふいと居なくなって、高松方面とか西の新居浜方面とかに走り、数日経つと帰ってくるようになりました。時には警察に補導されて送り返されることもあり、担任の教師の間でも問題になっていたようです。でも表立ったトラブルは起こさずに中学を卒業し、地元で作業員のような仕事につきました。高校の時は、私のほうが「ひさっさん」と友達付き合いをする余裕がありませんでしたが、大学に入った年の夏休みに私の家に遊びに来て、それ以来、私が帰省すると会うようになりました。大学3年の夏休みに、隣村の祇園祭りに二人で行こうと言うことになり、私の家から約1・5㎞を歩き、「祇園さん」に行きました。歩きながら私が、「お前、これからどうして生きて行くんか？」と聞くと、「俺は家から出て、自分一人で生きて行く。自分の容姿や学歴から考えて、結婚できるかどうか分からんけど、まあ気楽にやって行く。」と言いました。「ひさっさん」は長男で、「たけし」という弟がいました。弟の方がしっかりと農業を継いで行くことができそうなので、自分は身を引くとの決意だったのです。「ひさっさん」は生来の人が良い面と、多少の瘋癲の気質を併せ持っており、私はそこが好きでした。二十歳前後で、気ままにやって行く決意を述べて、彼はそれ以来私から遠ざかって行きました。「ひさっさん」がその後、どのような人生を歩んだのか、私は知りません。

## 2―4　ボードゲーム　コピット

私の心の回復には色々な人の見守りと心づかいが役に立ったと思います。

自宅の前に、道路を挟んで楠の巨木がありました。その下に小さな家が建っていて、近所のM家の家作でした。時に借家として利用されることがありました。私が小学校に入学する前に、我が家を新築した際にも工事中はこの家作を借りて住んだことがあります。その後、数年間は空き家になっていましたが、私が小学校4年生の頃に、M家の親戚にあたる四十歳半ばの女性が、この家を借りて洋品店らしきものを始めました。名前は良く分からなかったのですが、北海道から来ていた人で、夜の挨拶「こんばんわ」を「おばんです」と言うので、呼び名は「おばんちゃん」ということになりました。また、彼女とは若い男が一緒に住んでいて、呼び名を「さとちゃん」と言いました。「さとちゃん」は当時、30～35歳だったと記憶しています。二人が内縁関係にあることは小学校高学年になった私にも分かっていました。高松日赤病院での手術を終えて、自宅で療養していた私に誰かが、「コピット」というボードゲームを買ってくれました。盤上に4箇所の基地があり、各基地には5個の色違いのプラスチックのコーンがあります。各自がサイコロを振ってその目の数だけ時計方向に回り、たまたまサイコロの数だけ進んだところに相手のコーンがあるとその上に重ねて、それを我が方の陣地まで持って帰ると自分のものになるというルールでした。複数のコーンをどのような順列で編隊を組んで進んでいくかが勝負の分かれ目です。相手に乗っかる確立と、同時に取られる可能性との兼ね合いが、サイコロの目の出方に左右されるところが面白いゲームでした。「さとちゃん」はこのゲームが痛く気に入って、「おばんちゃん」がいない日には、私を誘って半日くらいゲームに集中したものです。

「さとちゃん」はシェパードと、雑種の大型犬を飼う程度で、特に定職は持っていませんでした。「おばんちゃん」のヒモのような存在だったと思います。「さとちゃん」は或る時、一度北海道に帰ってくるといって、居なくなった時がありました。数日後に帰って北海道の絵葉書をお土産にくれましたが、「おばんちゃん」との破局が訪れたのでしょう。まもなく姿が見えなくなり、その後、「おばんちゃん」も店をたたんで居なくなりました。「さとちゃん」がくれた札幌の絵葉書の中で、月寒の牧場のポプラ並木と羊の群れの写真は未だに良く憶えています。「つきさっぷ」とフリ仮名を付けられていたと記憶しているのですが、後年、札幌に何度か行くと、月寒は「つきさむ」と読むのだと友人が教えてくれました。しかしながら、あの絵葉書の牧場は、「つきさっぷ牧場」として心に残っています。「さとちゃん」達がいたその家作は何時しか取り壊され、後にはこんなに狭い面積だったのかと思うほどの小さい空き地が楠の木の根元に取り残されました。

## 2—5　道を急げ　君ら旅人

私が辻小学校の高学年になった頃の校長先生は、荻原先生でした。担任の先生は、先の稿でも触れましたが、3年生と4年生は小西先生、留年した後は、4年生から卒業まで酒井田先生でした。酒井田先生は2年生の時も担任だったので、合計4年間受け持っていただきました。荻原校長先生は一の谷と言う村に住んでいて、息子さんは高校の時に同級生となりました。彼のあだ名は「泥鰌（どんじょ）」で、あだ名の通り、体の柔らかい、ひょうひょうとした子でした。荻原先生は、担任の先生が研修等で不在の時は、教室で平家物語、源平盛衰記の話をとても臨場感に溢れた話術で話してくれ、子供達は荻原校長先生が代役で教室に来ると、歓声を上げて前回の話の続きをせがんだものです。荻原先生は絵の上手な先生で、夏休みなどに私が校庭を散歩していると、「絵具を持って来て、一緒に書こうよ」と誘ってくれたこともありました。

荻原校長先生は、校門を入ってすぐ正面の校舎の壁に、次のような言葉を掲げ、事ある毎に、生徒に話して聞かせました。

若き力
若き命
黙々とおおらかに
道を急げ、君ら旅人

私も、この言葉を胸に刻んで、「倦まず、弛まず、一心に道を進む」ことを心がけてきました。私の人生訓の一つです。

もう一つ、何かの機会に触れた言葉、「人には良くしてあげるのですよ」も大事な人生訓となりました。日赤に入院中に「成長の家」の活動家からもらった、子供用読み本に幾つかの物語がありました。全体的には観音様の信仰と質素で自然を愛する姿勢が強調されていましたが、その中にあった言葉だったと思います。自分が障害を持っていること、人の世話になっていることから、何れ人に対して「良くしてあげる」ことで、報恩の人生を歩もうと、幼い心に刻みつけたのでした。

## 2―6　赤いカンナの花咲けば

人は自分の心や身体状況の変化の予兆を、何となく感じることがあるものです。私が小学校6年生の時、担任ではありませんが馬淵先生と言う方が、職員室で私に話をする時に、今までのような子どもに対する話し方でなく、一人の人間に対する話し方で接してくれた記憶があります。私は、自分が子供から一人前の人になりつつあるのだなと自覚しました。6年生の頃には学校の放送部員になって、昼食時には給食を放送室に持ち込んで、校内放送を担当していました。また、職員室ではガリ版印刷の手伝いをして、色々な先生の間に居て過ごすことが多くなりました。テレビは一般家庭には普及していなかったので、ボクシングの試合がある夜などは、宿直の先生に頼み込んで、友達と一緒にボクシングを見に行ったりしました。私は家族とクラスメートの他に、学校の先生方と親しく付き合っていくことが出来るようになっていたのです。

中学校に入学して最も刺激になったのは、図書室に沢山の蔵書があり、自由に読書が出来るようになったことです。1年生の時からヘルマンヘッセの本にのめりこんだり、ビクトルユーゴの「ノートルダムの背むし男」などを読みふけったりしました。中学校は自宅から歩いて行ける距離でなかったので、登校時は父が毎日バイクで送ってくれました。帰りは電話がない時代だったので、友人が自転車の荷台に乗せてくれました。１年生の時は小学校時代の同級生だった次田君が送ってくれましたが、組替えのあった２年生からは榊原君が送ってくれることになりました。二人ともクラスの中で一番体格がよく、特に榊原君は自宅の方向が違うので、私を送った後自宅に帰るのに３㎞も余分に走る必要がありました。榊原君は高校卒業後、川崎市の工場に勤務することになり、出発する前に私に会いに来てくれました。これが彼との今生の別れとなりました。榊原君は就職した川崎市で大型バイクを乗り回していましたが、私が大学３回生の時に交通事故で亡くなりました。榊原君の無くなった知らせが届いた日は、皆既月食の日でした。私はこれからもずっと親友でいようと思っていた彼を無くした悲しみを胸に、中天にかかった赤銅色の月に対して、一人通夜の酒を飲みながら、沈み込んでいました。今も故郷の榊原君のお墓の近くを通る度に、感謝と共に悲しい思いで、彼を懐かしく思い出します。

先にお話しした悪夢は小学４年生の時から約４年間続きました。中学１年の時に、たまたま妹の少女雑誌の漫画を読む機会がありました。漫画のタイトルは、『赤いカンナの花咲けば』だったと思います。母と別れた少女が苦労する物語だったと記憶しています。この漫画の最終回にその子の色々な問題が解決してハッピーになった物語を読んだ後に、私が見た夢の中で『私の幽霊の物語もこれで終わった。赤いカンナの花が咲いて、恐怖の幽霊は二度と出てこない』と確信することができました。なぜそのような気持ちになったのか良く分かりませんが、心と体の発達に伴って、自分の中で幽霊の恐怖を克服することが出来たのだと思います。

その後は、あの恐ろしい幽霊はピタッと夢に現れなくなりました。もっとも幽霊は出なくても何か異様なものが夢の中で迫って来て金縛りになり、それと格闘して目が覚めることは何度もありました。このような金縛りも徐々に回数が減り、現在は疲労などで体調がすぐれない時に現れることもありますが、夢の中でそれを克服することができるようになりました。金縛りになりそうな状態が近づいて来ると、夢の中でしっかりと精神を集中して対抗措置を講じることが出来るようになりました。

以上が私の心の苦しみとそれを自己治癒した経験のお話です。

## 2―7　心の苦しみを自己治癒したと思った後の経緯

中学生の時に悪夢を自己治癒したと思った後も、身体障害者としての生活は続きます。コルセット装着は高校進学と同時に終了することとなりましたが、杖歩行は続きます。市販の杖が手に入らなかったので、母が近くの木工所に行って杖を作ってもらってきました。白木のまっすぐな杖で、手元が少し太くなっているデザインでした。現在のようにステッキが市販されている時代ではなかったのです。白い杖を突いている私を見て、高校の同級生のかなりの人が、目に障害のある生徒がいると思ったそうです。

医師からは身体がまだ十分でないので、受験勉強は夜12時までにして、休息を十分とるように言われました。また、高校3年生の夏休みには盲腸の手術をして入院する騒ぎがあり、この時も大変焦りました。それでも、高校の授業は先生の話を聞くことに集中して、効率よく受験勉強を進めました。

当時はクラスの体育の時間は見学するのが常で、グラウンドの端にある鉄棒の支柱にもたれて時間が経つのを待ちました。高校3年生の冬のある日、何時ものようにグラウンドの片隅で見学中に、北風に吹かれて木の葉が細かく揺れているのが目に入りました。ポプラのような高い広葉樹の並木です。ポプラは冬には落葉するので、北風に震えていたあの葉は何の樹だったの今ではよく分かりません。大学入試に合格するかどうかわからない冬の時期でした。寒風の中で震える樹の葉をみて、近い内にこの町を離れて新しい一歩を踏み出して、新しい環境に飛び込んでいく心の準備が出来つつあると感じる私でした。受験した京都大学は数学、英語、国語、理科（2科目）、社会（2科目）をそれぞれ3時間ずつの試験時間で、3日間かけて行われました。十分な思考時間を与えられたこの試験方式は私に幸いしたのでしょう。私は京都大学工学部に合格することが出来ました。合格通知をもらった後、入学するまでの間に私はトルストイの「復活」を読みました。

大学の教養時代には、体育の時間を保健診療所長室で過ごしました。保健診療所長の宮田先生が十人ほどの障害のある学生を集めて、次の週のテーマを決めて、次回までに自分の意見をまとめてくるようにおっしゃいました。それぞれの学生が意見述べると、宮田先生と他の学生が質問したりディスカッションをしたりして、時を過ごしました。私はこのような見学のやり方もあるのだなと感心する一方で、プレゼンテーションとディベートの実際を体験しました。当時は教養課程が2年間あって、かなり自由な生活を送ることが出来ました。戦前の旧制第3高等学校の時代から残っていた木造校舎も利用した教育環境の中でのびのびと生活した私は、身体の方も杖なし歩行になって工学部のカリキュラムもこなし、段々と自信がついてきました。ただ、当時の下宿は風呂などなくて、下宿した当日から銭湯に行く必要がありました。自分の大きい手術跡を人目にさらすのはつらかったのですが、仕方がなく銭湯に通う毎日でした。3回生の頃から親戚の自転車屋のおじさんに、母の乗っていた古い自転車を片足で乗れるように改造してもらいました。左のペダルは外して車体に溶接しました。右のペダルはチェーンの回転が何時も伝わるようにして、坂道などでペダルをこぐ必要がない時は、ペダルが回るのに任せて、右足は車体に乗っけておくようにします。この改造自転車を母が私の下宿に送ってくれました。それ以降、私は東大路今出川にある百万遍の大学と一条寺下り松にある私の下宿とを往復していました。ある時この自転車が故障してチェーンとペダルの接続が上手くいかなくなりました。賀茂川と高野川が合流するところに下賀茂神社がありますが、その東岸に叡山電鉄の出町柳駅があります。大原方面に向かう叡山電鉄が東大路通りを横切る辺りが田中関田町と呼ばれますが、その交差点に小さな自転車屋がありました。

そこまで故障した自転車を押して行って修理をお願いしました。出てきたのは下肢が不自由な職人さんでした。私の自転車を一目見て、どう修理すればよいかを了解して、翌日取りに来るように言われました。次の日に自転車を引き取って帰る時に思いもかけず「頑張れよ」と声をかけてくれました。同じ身障者から励ましの言葉をいただいて、嬉しかったのと同時に私はなんだか「哀しく」思いました。それから十年も後のことですが、左手を少し怪我して、外科病院に十日ほど通うことがありました。ある日のこと、私が診察室の前の廊下で待っていると、先に診察室に入った親子に医師が病状の説明をしているのがカーテン越しに聞こえました。たまたま耳に入ったのは私と同じ病名でした。医師はかなり長期の治療が必要であることを告げていました。母親がしおれた様子で小学校低学年と思われる男の子を連れて待合室に消えて行きました。私の治療は傷口の消毒だけなのですぐ終わり、待合室に戻ると、あの母親と男の子は会計を待っていました。私は一瞬、「この子は治療に時間がかかるかもしれないけれど、大人になったら私のように元気になりますよ」と母親に伝えるかどうか、迷いました。確かに「元気になっているよ」と言ってあげるのは良いのですが、一方では歪んだ私の身体を見て親子がショックを受けるだろうことが十分予想されました。私は喉元まで出かけた言葉をぐっと飲みこんで、何も言いませんでした。そして「哀しい」と思いました。私は現在では、身障者の方に声をかけて、力づけてあげたいと強く思うようになっています。

専門課程を修了して大学院に進学することが決まって、自分が大人になったと自覚できるようになって来ると結婚の問題を考えるようになりました。大学に入学した後も、心の中では理想の女性として聖母マリアや色々な小説に出てくる女性像にあこがれの気持ちを持ちつつも、現実の女性とは付き合うこともなく時が過ぎて行きました。当時は合同ハイキングと称して京都の高尾や花瀬の方に女の子と一緒にグループでハイキングに行くことが流行っていました。私は歩行の問題があったのでハイキングには行けませんでした。最近も良くある合コンは、当時は流行っていませんでした。それでも、季節の変化のように私の心の中にも恋愛、結婚に対する準備が整ってきていたようです。ある時、四国へ旅行する列車のボックス席に大阪から幼い男の子を抱いたお母さんが乗ってきて同席となりました。特段話をすることもなかったのですが、お母さんがトイレに行くときに「子どもを見ておいてください」と頼まれたので、これまで抱っこなどしたことのない私でしたが、子供をあやしながらお母さんが戻ってくるのを待ちました。親子は四国の坂出駅で降りて行きました。ホームにはお爺さんとお婆さんが迎えに来ていました。私の下宿にはカレンダーがかかっていて、秋の季節は栂尾高山寺でした。紅葉の下で微笑んでいるカレンダーの女性は、私が列車で会ったお母さんによく似ていました。私は自分の人生観、世界観をまとめて、中学高校と同じ学年だったミドリさんに送ろうと決心しました。ミドリさんとは、それまで親しく話をしたことはなく、私のプラトニックラブでした。半年の後、書き上げた一冊のノートをミドリさんに送りました。また、その手紙には私のプロポーズの言葉を綴りました。

ミドリさんは、私が身障者であることも承知したうえで、私のプロポーズを受け入れてくれました。大学院は修士課程（博士前期課程）が2年間、博士後期課程が3年間なので、当初私はミドリさんには結婚を待って欲しいと伝えました。二人で学生結婚の貧困生活、将来の不確定な就職先、などを話合いましたが、結局ミドリさんが言った「経済的には一人で生活するのも二人で生活するのも同じことよ」が決め手となって、交際が始まって1年半後に二人は結婚しました。全くの貧乏生活で、「神田川」の歌にあるように二人で銭湯に通う生活でした。大学院の博士課程の時には長男が生まれましたが、暮れの三十日の夕方、熱を出した子供を乳母車に乗せて山科の椥辻の小児科医院の玄関ドアを叩きました。幸い、子どもの風邪は心配するほどのこともなく、夕日の中を山科の大石神社の近くのアパートに帰って行きました。田んぼの中の田舎道を二人で歩いていると、なんと誰かが道にお餅を二十個ほど落としてありました。「これは天の助けだ。有難く頂こう」と二人で話し合って、土を払った餅を乳母車に乗せてアパートに帰りました。お正月にはミドリさん手料理のおせち料理も十分な量がなかったので、拾ったお餅は大変役立ちました。健常者のミドリさんが、このような私と結婚してくれたことに今も感謝しながら、二人の生活を続けています。

貧乏暮らしは大学教員のポストについても変わりませんでした。書斎などは望むべくもなく、通勤時の鞄には何時も弁当箱だけが入っていました。仕事は研究室で切り上げて、家庭には一切持ち帰らないようにしました。その代わり、午前8時前には研究室のデスクに向かって、仕事に集中しました。理髪店に行くお金もなかったので自分で髪を切るようになりました。その頃からの習慣で、おしゃべり好きの理髪店には行かず自分で整髪することが現在まで続いています。自分への戒めだと思っています。ミドリさんも私も40歳台には生死にかかわる大病を患いました。先のことは誰にも分かりません。愛することを礎に、二人の生活を続けて行くのみです。

## 2—8　セイさんの研究に関するメモ

最後にセイさんが『工学と臨床心理学における研究の類似点について』と題したメモを、パンプキンさんに読んで欲しいと渡しました。

パンプキンさんはこれから臨床心理学研究法を学び、実際の臨床心理学研究を進めていくことと思います。わたくしの専門は工学（応用化学）、特にレオロジーと呼ばれる分野です。レオロジーは日本語では「流動学」と訳されます。ギリシャの哲学者「ヘラクレイトス」の有名な言葉「万物は流転する」による造語だと言われています。全ての物質は外力によって変形します。岩石でも非常に長い時間スケールで観測すると変形しているのです。物体は変形すると、それによって物体内部の応力が発生します。外部からくわえられる力をストレッサーと呼び、これにより発生する応力をストレスと言います。臨床心理学において心の中にストレスが発生する現象とよく似通っていると思います。工学の分野では外力によって発生したストレスを、如何にして数学的なモデルで表現してもの作りに応用するのかが問題になります。変形と応力を三次元の物体において表現するために、少し専門的になりますが「テンソル解析」の手法を用います。（テンソルについては専門的になるので、ここではキーワードとして「テンソル」を記憶にとどめておくことで良いでしょう）色々な研究者がこの表現式を提案しています。私たちはこの表現式を「構成方程式（Constitutive Equation）と呼びます。Constitution は「憲法」のことですから、構成方程式は物体の変形と応力を規定する憲法のようなものと考えればよいでしょう。自然科学の世界ではその物体に特有の構成方程式が決定されると、それと有名なニュートンの運動方程式とを連立させて解いて、自然界における種々の有用な、人の役に立つ予測結果を得ることが出来ます。例えば空気と言う物体の三次元の構成方程式を、地球上の空気の流れを表現する運動方程式と組み合わせると、毎日の天気予報が得られ、私たちは毎日その恩恵に浴しています。臨床心理学研究では、人のこころが相手ですから、ストレスの発生やその内容、強度などを臨床心理学や脳科学などのモデルで表現して、ストレスの評価を行うように聞いています。その際、自然科学の世界で用いられるストレス予測のための手法や、数式の組み立て方なども参考になるのではないかと思います。

わたくしが研究生活を続ける間に、いくつかのブレークスルーを体験しました。日々の研究活動で実験結果は得られるのですが、それらをどう解釈して次の展開をどうするのかと言うことは、なかなか難しいことです。寝る間を惜しんで研究に没頭するなどとよく言われますが、最後には寝ている間も解決すべき問題を必死に考えている状態になります。1ヵ月、2ヵ月と考え続けている間に、明け方の夢の中なのか、目覚めた瞬間なのか良く分かりませんが「アイデアがパッと閃く」ことが何回かありました。「ああ、こんな風に考えたら今まで悩んでいたことを解決できる」と思う瞬間です。わたくしの友人の研究者もそのような経験を、何度か体験したと語ってくれました。

また、実験結果の解釈に思い悩んでいた時に、わたくしの問題と関係ないと思われる文献にあった1枚の写真とか、掲載されている一つの図を見た瞬間、「アイデアがパッと閃く」ことが何回かありました。こうなると新しい実験計画を組み立てて、データを得て論文にまとめるのには時間はかかりません。わたくしの経験では、思い悩んだ時期が約2年間、アイデアが閃いて実験計画を組み立てるのに1週間、実験結果を得るのに1週間、理論の裏付けと論文作成に2週間、合計1ヵ月で論文を完成したことがあります。

夢の中か、うつらうつらしている時の深層心理の中から浮き上がってくるアイデアが発端となったり、長い間の悩みが心の奥底に沈潜していた問題意識が、ふとしたきっかけで問題解決に向かって一挙にブレークスルーへのムーブメントが生じて、オリジナルな論文を完成できたと言う経験は研究者冥利に尽きる瞬間です。

パンプキンさんも臨床心理学研究においては、相手が人のこころですから自然科学の研究とは異なった趣があると思いますが、研究を続けていく中で研究の楽しさを感じてくださいね。

## 2—9　パンプキンさんのインタビュー後記

パンプキンさんは「神戸のおじいちゃん」ことセイさんのお話をレポートにして、ゼミの宮下先生に提出しました。パンプキンさんが、どのように感じて、何を考えたかを以下のインタビュー後記として宮下先生に提出しました。

私は、セイさんの身体障害のことを以前から概略のことは知っていました。でも今回セイさんから詳しくお話を伺って、セイさんは大変な経験をしたのだなと身に染みて思いました。私が一番感動したことは、人間の心は自己治癒力を持っていて、時間はかかるにしても障害を克服できるという点でした。勿論、セイさんの子どもの頃は臨床心理士の助けを借りることもできず、苦しい状態が長く続いたのは残念なことでした。私はクライアントの身体の障害とこころが困っている状態を見つめて、助けていく仕事を目指して行こうと、より強く決心しました。もう1点、強く感じたのはセイさんの集中力です。障害を持った身で、限られた時間内に成果を挙げるためには、精神の集中力が人一倍必要であることがインタビューから分かりました。人にはそれぞれ固有の能力があると思いますが、その能力を集中によって何倍にも高めることが出来ると思います。私も、ぼんやりせずに、目を大きく開けて注意力を高めて、これからの臨床心理学の専門課程の経験を積んでいきたいと決心しました。

セイさんとミドリさんの結婚は素晴らしいことだったと思います。また、金婚式を迎えても二人が変わらず愛し合っている姿を見て、私も大恋愛をして結婚したいなと思いました。これは愛する相手が現れないとどうにもなりませんが、私が人間を磨いていけば、きっと近い内に恋人が現れそうな予感がしてきました。

宮下先生からレポート提出後に、パンプキンさんに次のようなお話がありました。

「パンプキンさん、立派なレポートを仕上げたわね。先生も読ませていただき、感動しました。セイさんのお話には、臨床心理学で取り扱う子供の心理に関する事柄や、生涯心理学の重要な問題を含んでいます。セイさんのご了解が得られるようでしたら、ゼミの皆さんと情報を共有して、議論する機会を持てたら良いですね。パンプキンさんが大学院において子どもの臨床心理学の研究をしたいのなら、セイさんの体験を出発点にしてその展開を検討する方法もあるように思います。」

# 第三章　パンプキンさんとセイさん、ミドリさんの対話

神戸滞在の2日目の午前中にセイさんのインタビューを終えた後、私はトアロードを下って行って中華料理をご馳走になることにしました。北野ホテルの向かいに中華料理店「東天閣」がありますが、セイさんの話では「ここは格式が高くって、ウェイターがタキシードを着てサービスしてくれる。でも、私たちはもう少し下って行って、気安く入れる店にしよう」と言うことで、東西に走る北長狭通を横切って少し歩いたところにある中華料理店「悠苑」に入って行きました。ここはセイさんたちが先代のオーナーの時から、もう30年ほどよく利用しているレストランです。

「神戸の中華レストランは、競争が激しいだけにレベルが高く、美味しいお料理をいただけるわよ」とミドリさんが説明している間に、セイさんが手早く前菜の海鮮サラダ、エビのXO醤炒め、フカヒレスープ、チンゲン菜炒めと汁そば、マンゴープリンを各3人前注文しました。料理はとっても美味しく私たちはおなか一杯食べて満足しました。

セイさんは食後の運動を兼ねてトアロードの緩やかな坂道を登って、諏訪山マンションに帰っていき

ました。私とミドリさんはもっと坂を下って三宮のそごうデパートに行きました。二人であれこれと洋服を見て、結局夏用のワンピースを選んで買ってもらいました。ゆるゆるとトアロードを帰ってくる途中に、マキシムと言う帽子屋さんがあったので、茜色のワンピースに似合うツバ広の夏用ハットもおねだりしました。

その日の午後はセイさん、ミドリさんと雑談しながら過ごしました。

「パンプキンさんも大学４年生になって随分大人になってきたわね」

「本当にしっかりしてきた。ようやく自分の将来の道を見つけたように思うよ。でも苦労はこれからだ。公認心理師としての資格を得るまでも大変だと思うし、その先に人を救う仕事が待っているのだから、その苦労は並大抵のことではないよ」

私はセイさんの専門を良く理解していなかったので、セイさんのこれまでの経験と臨床心理学との係わりを質問しました。

「わたくしは工学部出身で、大学に残った後も基本的に人のための教育と研究を続けてきました。パンプキンさんが臨床心理学のインタビューに来ると聞いたので、わたくしも臨床心理学の勉強を始めました。わたくしはもう70歳代後半の後期高齢者だから、大学のカリキュラムに沿った勉強はできないけれども、誰か臨床心理学分野の代表的な先生の著作物を読むことから始めました。図書館で目に入ったのは河合隼雄先生と言うお名前でした。河合先生はユング心理学で有名な先生だそうですね。京都大学理学部数学科の出身で、後に京都大学教育学部教授となられました。わたくしより18歳年長で、わたくしは工学部だったから河合先生から直接教えを受ける機会はありませんでした。自分の身体障害のこともあり、わたくしは学部卒業前に教職免許も取っておこうと考え、必要な単位を揃えていました。必要単位の一つに教育心理学がありました。わたくしは専門課程の3回生の時に、忙しい中を教育学部の教育心理学を受講しました。担当教授は佐藤先生と言う臨済禅の先生で、鈴木大拙師の教えや座禅の呼吸法などを学びました。本部図書館の北側に位置していた教育学部の建屋の玄関を入って右手にある講義室に毎週通ったことを懐かしく思い出します。わたくしが博士後期課程に進学した頃に、担当が河合隼雄先生に代わっていたようで、わたくしが数年若ければ河合先生の授業を受けたかもしれません」

ミドリさんもセイさんのこのような経験をあまり知らなかったようで、熱心に耳を傾けていました。わたくしは学部の心理学の授業で河合隼雄先生のことは学んでいたので、興味深く心理学の講義内容を思い出していました。セイさんは更に次のように付け加えました。

「河合先生はユング心理学と夢について深い考察と、心理療法の実施に重きを置かれました。また、日本人としてのアイデンティティに重きを置いて仏教と心理学との相関についても心を寄せられています。

わたくしも仏教に基礎を置いた世界観で人々の安寧を願おうという心境になりつつあります」

河合先生へのオマージュを込めてセイさんはいくつかの思いを語って行きました。

## 3―1　自由な心と人を思いやる優しさ

セイさんは何よりも自由な心と、人を思いやる優しさが大切だと言う話から始めました。

「パンプキンさんは公認心理師を目指して頑張って行こうとしています。クライアントとの接触は、一つ一つのケースで異なった人が相手ですからパンプキンさんのような若い人には荷が重いかもしれませんね。でも、千里の道も一歩からと言うように、着実に経験を重ねて行ってください」

「わたくしは学部の4年生になったところなので公認心理師の実務経験は全くなく、クライアントを相手にしての実務相談には不安を感じています。でも今から思い悩んでも仕方がないので、「当たって砕けろ」の心意気で前向きに進んでいこうと思っています。」

「パンプキンさん、あなたの言う通りよ。あまり思い煩わずに、今は基礎をしっかりと固めていくのが良いと思うわよ」とミドリさんが力づけました。セイさんが次のように対話を続けました。

「パンプキンさんは困難に直面した時に、基本は「人を思いやる優しさ」であることを心に刻んでおいて欲しいと思います。身体の障害であろうと、心の苦しみであろうと、困っている人に対して、たとえ完全治癒が困難であっても寄り添って、心の訴えを聞いてあげることです。昨日のパンプキンさんのヒアリングの際に話しましたが、人は一度受けた心の傷は完全に治癒することは無いと思います。クライアントは生きている限り苦しみを解消することは無いと思いますが、苦しみは苦しみとして生きて行こうと思うようになる時が来ると信じています。そのような状態になることを目指して、カウンセラーはクライアントに寄り添っていくのです。

パンプキンさんは心の優しい人だから、悩み苦しんでいる人を何とか救ってあげようと思って、公認心理師の道を選んだのですが、実際の治療者としての活動を始めたら、今言ったような困難に遭遇すると思います。そのような時には、人に対する「愛」が最も大切であることを思い起こしてくださいね」

ミドリさんは夫であるセイさんの苦しみを一緒に体験しているので、つらい思い出を共感しながら、セイさんを見守っていました。

「わたくしの経験では、どんな時にも心を捉われずに「自由な心でいる」ことが生きていくことの根底にありました。わたくしが大学の教養時代に、奈良に小旅行をしてお寺巡りをしたことがあります。西ノ京の薬師寺に行った時に、修学旅行の生徒たちを連れて説明をしているお坊さんがいました。薬師寺の高田好胤さんでした。当時ご本尊をお祀りする金堂を再建中で、後に薬師寺管主となられた高田好胤さんは百万巻写経勧進を始められて、金堂再建、西塔の建立を成し遂げられました。当時薬師寺の西塔はなく、礎石にたまった水に東棟の姿を映して、きっと将来西塔が再建されると話しておられました。わたくしの好きな高田好胤さんの言葉です。

とらわれないこころ　かたよらないこころ　こだわらないこころ
ひろく　ひろく　もっとひろく　（般若心経　空のこころ）

## 3—2　不登校や引きこもりの問題

パンプキンさんは子ども達の心の苦しみを癒やしてあげようと考えているので、この際不登校や引きこもり問題についてセイさんの意見を聞いておこうと考えました。それで、パンプキンさんはセイさんに次のような質問をしました。

「心の病が原因なのかどうか、細かい分析はできていませんが、小学校のクラスにも自閉症や授業についていけない子ども達が必ず複数いるのが普通になってきました。副担任の先生や、スクールカウンセラーの方が対応してくれていますが、今後このような子供たちがますます増えてきたら、いったいどうなるのでしょう」

パンプキンさんが不登校と引きこもりの最近のデータを調べてきた情報をセイさんとミドリさんに伝えました。

「文部科学省の調査による２０２１年のデータでは小学校と中学校の不登校者数は全国で24万５千人だそうで、その内55％が90日以上長期欠席しているそうです。また、小中学校における不登校者数はどんどん増えていて、２０１２年のデータでは11万７千人だったので、この10年間で約２倍になりました。一方、高校生の場合は約５万で、この10年間はほぼ横ばい状態です。不登校まで行かなくても、その傾向がある子ども達の総数は、全国で33万人に上っています。その内訳は、①１週間以上休んだことがある（６万人）、②登校するけれども教室に行かない、授業への参加時間が少ない（13万人）、③教室で過ごすが学校がつらい（14万人）などとなっています。このような不登校の傾向が強まって行くなら、日本の社会にとって憂慮しないといけない事態に陥ると思います。

もう一つの大きい問題は、若年無業者数、即ちひきこもりの人の数が増加していることです。内閣府が行った２０１８年の調査結果では15歳～39歳の若年無業者数は54万人、40歳～64歳では61万人と報告されています。狭義の引きこもり（①自室から出ない、②自室からは出るが家から出ない、③近所のコンビニなどまでは外出できるなどのケースの総称）は全国で24万人いると推計されています。また、普段は家から出ないが自分の趣味に関する用事の時だけ外出する人は準引きこもりと分類されますが、このような人が全国で46万人いると推計されています。このような問題を抱えた沢山の人の存在は、臨床心理学の専門家の負担を益々増大していくことでしょう。十分なケアを実現するためには、公認心理師の増員が必要だと思っています」

セイさんが大学時代の経験を重ねて、次のように思い出を語りました。

「近い将来起こると予想されている津波災害と対比して不登校、引きこもり問題を考えてみましょう。私たちを取り巻く環境の中で、南海トラフの巨大地震の発生が危惧されています。政府の地震調査委員会は、マグニチュード8から9の巨大地震が今後30年以内に「70％から80％」の確率で発生すると予測しています。被害は東日本大震災を大きく上回ると想定され、最悪の場合死者は32万人を超え、経済被害も220兆円を超えると予想されています。また、対策を進めれば死者は23万人に減少できるとされています。更に多くの人が迅速に非難した場合には津波の犠牲者はおよそ80％少なくなるだろうとも考えられています。このような大災害に対する対策にも匹敵するほどの多数の子ども達やひきこもりの人たちに対する対応も最重要課題として、私たちは取り組まなければなりません。

１９９５年の阪神淡路大震災の後、わたくしが勤めていた神戸大学には、都市安全研究センターが全学組織として設置されました。わたくしは大学の管理職の役職上、都市安全研究センター長を３年間ほど勤めました。自然災害はわたくしの専門ではありませんでしたが、地震災害の対策の旗振りをしていました。その頃スポットライトを浴びつつあったのは、自然災害の「防災」ではなく「減災」と言う概念でした。津波災害を含めて、完全に災害を防止することは困難であると認識して、早急に取り組むべきことは『如何にして災害規模を減ずるのか（即ち減災）』と言う観点でした。「減災」は①リスクアセスメント、②リスクマネジメント、③リスクインフォメーション、の三つの観点から研究所メンバーが分担して減災活動を実践していました。実はこのような活動方針は臨床心理学の実践活動と類似な面が多々あります。臨床心理学においては社会の中の対象として、心の問題を抱えている人と面談することから実践活動が始まります。この作業はアセスメントと呼ばれ。その結果をもとに「介入」という解決のための働きかけを行います。災害の程度を減ずる「減災」と言う実践活動も、想定データあるいは過去の災害のデータや被災者との面談を基にして災害のアセスメントを行います。自然科学の分野ですのでこのアセスメントにはスーパーコンピュータを使った大規模な予測計算が力を発揮します。リスクマネジメントにおいては、具体的な避難誘導指針の策定や、津波からの避難タワーの建設、防波堤の建設、建物の耐震強度の上昇などの対策を行います。一方、臨床心理学の立場からは被災された人たち、ボランティア、支援スタッフのこころのケアを行う必要があると思います。公認心理師を含めて災害復旧に携わる人たちのチームを予め組み立てておくことが重要なのでしょうね」

パンプキンさんは、臨床心理学においては、実践活動が有効かどうかを常に科学的に研究する必要があると、大学で学んでいましたので自然科学分野のアセスメント、マネジメント、インフォメーションなどの活動に興味を持ちました。

「私たちは臨床心理学の研究成果を発表して社会への貢献を果たすと共に、学問としての臨床心理学の認知度を高めていくことも必要だと教えられています」

セイさんは次のように話を進めました。

「先に述べた「減災」活動の３番目の柱である、リスクインフォメーションは「減災」分野で得られる情報を如何にして社会に伝えていくのか、あるいは災害時に如何にして莫大な情報を迅速に獲得して社会に伝えていくのかと言う活動を研究し、実践していくことを目指しています。

自然災害を対象とした学問分野の実践活動も、臨床心理学における実践活動も究極においては人を救うと言う目的が一致しているので、扱う対象や手法が違っても互いに理解しあえることが多いと思います。工学の他の色々な分野も、根本のところで『人のために』と言う理念を保持していれば、臨床心理学と理解しあえるのではないかと思います」

パンプキンさんはセイさんに対して次のような質問をしました。

「セイさんの臨床心理学と工学研究の関係についてのご意見は大変参考になります。ゼミの皆さんにもセイさんの考え方を伝えたいと思います。ところで、不登校あるいは不登校傾向にある小中高校生の総数が63万人、引きこもりあるいは準引きこもりの若者が全国で１６０万人いると言う事実は深刻な事態です。私が目指している子ども達の心のケアも、問題を抱えた圧倒的多数のクライアントに対して十分な臨床心理療法を実施することが困難になると危惧されています。そのような状況に私たちはどう対処すべきか、セイさんのご意見をお聞きしたいと思います」

セイさんはパンプキンさんの質問に対して、以下のような意見を述べました。

「不登校や引きこもり、フリーターや少子化傾向の問題など、解決のための議論が多方面で行われています。政府の異次元少子化対策や若者の収入増加策など、有効と思われる施策が次々と発表されていますが、私たち自身はどのようなアクションを起こすべきなのでしょう。これから述べる意見は、わたくしとミドリさんがこれまで経験してきたことを基にして、個人的に今どうすべきなのかを考えていることです。どうぞ、その点に留意して聞いてくださいね。

まず、最初の不登校の問題については、不登校児童を増やさないようにすることが大切で、これには家庭における親の教育から考え直す必要があります。両親が子どもの教育に対して真剣に向き合って、愛し合う両親の信頼関係を子供に見せる環境を築くことが大切です。離婚などによってシングルマザーまたはシングルファーザーになった家庭でも、親が真剣に子どもに向き合って教育することが大切です。教育は学校に任せていると考えて、子どもを放置するようなことがあってはいけません。

そのためには、親が十分大人になっていることが必要です。大学などの高等教育機関に在籍している間か就職後の早い時期に、自分の人生観あるいは世界観を確立して「もう自分は十分に大人になっている」と自覚して結婚することが大前提です。小中学校では5年生の時に「二分の一成人式」を、中学校2年生の時に「立志式」を行い、大人になったら何をやろうと考えているのかを皆の前で発表する学校が多いようです。人は子どもの時の志（こころざし）を大切にもっていて、青年期に経験を重ね、進路あるいは職業を選択して実務を重ねることによって「おとな」になって行きます。

近年、日本は成人に達する年齢を十八歳としています。でも十八歳で「おとな」の自覚を持てる人はレアーケースであると思います。大学卒業の時期か、もう少し上の年齢になって「おとな」の自覚が出来てくると思われますので、男女ともに「おとな」の自覚が十分発達した時に結婚すべきです。このような考え方では、結婚できる人の人数が少なくなってしますと思われるかもしれません。大学あるいは専門学校において、アルバイトばかりして勉強しない学生が普通になっている現状を憂い、高等教育機関はもっと人格形成に留意すべきです。また大学に進学しない人も、実務経験の中で自分の人生観を確立して「おとな」になって結婚に備えるべきです」

「パンプキンさんは大学4年生になったので、恋人はいるの」とミドリさんが問いかけたので、私は次のように答えました。

「ボーイフレンドはいますが、まだ結婚を考えるところまでは行っていません。セイさんがおっしゃったように、今は自分を磨きながら、公認心理師の資格を目指すことに集中したいと思っています。それには大学院を修了して公認心理師の国家資格認定試験に合格しなければなりません。それとは別に、自分が十分おとなになったと自覚出来て、私と結婚しようとするおとなの男性が現れたら、その時に結婚を考えようと思っています」

ミドリさんがここまでの意見交換を次のように纏めました。

「ある程度のパーセンテージで心を含めた心身の障害を持つ子供が出現することは仕方がないと思うけれども、家庭における親子の関係がうまく回って、元気で問題の無い子が増えて、不登校児が減って行く方策を考えていくべきですよね。義務教育において、家庭でも学校でも放任主義はいけないと思います。また、子どもの欲しがるものを無制限に買い与えるのもいけません。各家庭の財政的な余裕は千差万別ですが、基本的に親が質素な暮らしを心掛けて、子どもにもそのような生活の大切さを教えていくことが大切だと思いますよ」

## 3―3　フリーターの問題

パンプキンさんは、登校拒否や引きこもり問題に加えて、フリーターの増加問題についても質問しました。

「フリーターの増加も大きい問題です。フリーターの定義は次のようになっています。15歳～34歳の人たちについて、男性は卒業者、女性は卒業者の内で未婚の者について、①勤め先における呼称が「パート」か「アルバイト」である者、②完全失業者のうち、探している仕事の形態が「パート・アルバイト」の者、③非労働力人口で家事も通学もしていない者のうち就職内定しておらず、希望する仕事の形態が「パート・アルバイト」の者、をフリーターとして総務省が定義しています。15歳～34歳のフリーターは２０１１年のデータでは１８４万人でしたが、２０２２年の労働力調査（統計局）では１３２万人となり減少傾向にあると言われています。近年労働力人口が減少しているため、人手不足に陥る企業が増えていること、フリーター以外の選択肢(派遣社員や契約社員など）が増えてきており、正社員かフリーターかの２択ではない状況が生まれてきていることが、この減少傾向の背景にあると言われています。それでも多数の人たちがフリーターの状況にあり、派遣社員や契約社員になった人たちを含めて生活苦は依然として深刻な問題であることに変わりはありません。フリーターについてセイさんはどのようにお考えですか。また結婚しない若者の増加や少子化傾向も大きい社会問題だと思います」

セイさんはまずフリーター問題について次のように話し始めました。

「わたくしは企業が利潤を追求するあまり、派遣労働者、パート、アルバイトの人たちの雇用に走ってしまった社会構造が根本にあると思います。フリーターとして35歳〜40歳の年齢層になると、キャリア不足のため中途採用による正社員への道も困難になって、結婚もできず将来の希望も持てなくなった人が私たちの周囲にたくさんいます。フリーター解消のための政府施策は色々と試みられています。中途採用者数の増加など企業のフリーター依存体質を考え直すことはもちろんですが、現在のフリーター自身の意識改革が無いと、この問題の解決への動きは出てこないと思います。高齢者の増加に対応する介護職の大幅増員は必要で、介護職の収入増加が実現すればかなりのフリーターを介護正規職へ転換することが可能でしょう。また、最近マスコミでも良く取り上げられる、若者の地方への移住も有効な方策でしょう。報道される一部の成功例だけでなく、沢山の若者が地方に移住するムーブメントが起こることが必要です。過疎化地域を含む地方の有効利用されていない資産を若者が定住するために活用するのです。移住だけでなく、人は自分の生まれたところや親のいる場所に捉われずに、世界中のどこにでも住んで活躍しようとする心意気が大切です。自分の骨を埋める場所は世界中のどこにでもあると覚悟して、やりたいことをとことん突き詰めていこうとする態度が重要です」

結婚しない若者の増加や少子化傾向について、ミドリさんが次のような意見を述べました。

「たくさんの若者が結婚しない傾向にあるのは困ったことだと思います。それに加えて、結婚しても夫婦で育てる子供の数は1～2人になってしまってこれでは少子化の勢いにストップをかけることはできないわね。少子化は日本の将来の危機だと思います」

セイさんが最近の政府の動きを次のように紹介しました。

「2023年4月に設置される「子ども家庭庁」（内閣府の外局）においては、少子化傾向がますます強まる昨今の家庭において、次の施策を推進しようとしています。

○出産・育児・学校教育における子供への手厚い支援

○親の収入を上昇させる経済効果

確かに、子ども手当てや経済政策は出生率の上昇に効果があると思いますが、長期に渡る少子化対策としては抜本的な解決策となるのかどうか、わたくしは疑問に思います。子どもの養育費・教育費が家計の負担になる現状では、子どもを産み育てる夫婦の少子化傾向はなかなか是正するのが困難なように思います。「子ども家庭庁」は、省庁の中でも特に文部科学省と厚生労働省が強くかかわってきます。省庁横断型の組織が上手く機能することを期待するところです。

根本は結婚しない若者の増加を防ぎ、一旦結婚すれば子供を天の授かりものとして誕生を祝い、夫婦で苦労しながらも子育てをするところに幸せを見出すことが大切です。年齢は成人に達していても、「おとなになっていない」あるいは「なれない」日本人の増加を防ぐためには、教育面から抜本的に解決すべきことです。

登校拒否、ひきこもり、あるいはそこまで行かなくても結婚しない人、少ない収入でもそこそこの生活が出来ればそれで良しとする人、パラサイトになって将来どうなるのかと親の頭痛の種になっている人など、「子ども家庭庁」に任せるだけでなく、私たちがそれぞれの立場で子ども達やおとなになっていない人に真摯に対応していくことをパンプキンさんに期待しています」

ミドリさんが周囲の人たちの悩みを代表して意見を言いました。

「わたくしの友人、知人にも結婚しない子どもをもって、悩んでいる人が多いです。昔のように「お家断絶の危機」等とは言いませんが、親として結婚しない我が子を残して死ぬのは、どうにも死にきれない思いがあるのです」

セイさんはこの問題について、次のような意見を述べて、午後の対話を締めくくりました

「結婚しない子どもからは、年寄りの意見だと言われるかもしれませんが、わたくしは敢えて親にも子供にも意見したいと思います。結婚しない子どもは、収入が少なくて結婚したくてもできない、仕事が忙しいので結婚して子供を産むことは考えられない、良い相手が見つからないなどと色々と理由を言う

でしょう。でも世の中に沢山の恋の歌が流行り、誰もが恋愛と結婚への願望を持っているのも事実です。結婚しない子どもに対して、親は全身全霊をもってぶつかって行き、結婚問題について意見を述べるべきです。親でない第三者が結婚しない若者に意見することはなかなか難しいことです。ここは、やはり親が真剣に子どもと向かい合うべきです。結婚するだけが自分の幸せではないと反論する子どもに対して、バランスの取れた人間として結婚は重要なことであることを主張すべきです。結婚しないわが子を持つ親は自分の人生観を赤裸々に子どもに伝え、もう一度人生について、宗教について子どもとしっかり議論して、結婚して欲しいと言う親の意見を切々と述べることを勧めます。

子供も自分の主張する考えを持っていると思うので、結婚に向けての親の思いを伝えて、結婚しないと言う子供の気持ちを変えさせることは、生半可な諭しでは喧嘩別れになるのが落ちです。それでもあきらめずに人としての価値は何か、良き伴侶を得て共に生きていくことの大切さを、何としても分からせるべきです。親が人生に対する考え方を確固たるべきものにして、子どもの幸せを願う気持ちを伝えて、結婚を決意させるべきです。それでも相手がいないと言われたら、「自分を磨きなさい、おとなになりなさい」と言って、親も一緒に人間を磨く努力をすべきです。

日本の各家庭は私たちの一～二世代前までは『家』を基本として祖父母、父母、子ども達、そして時には曾孫もいるような多世代で構成される単位が普通でした。家長が一家をしっかりと統率して、『家』

の存続を第一義に考え、冠婚葬祭も家長中心に回って行きました。勿論このような制度の下では、嫁や女子を軽視する封建的な家庭内の状況があり、色々と問題があったことは事実です。それでも多世代の家族が子育てを分担して、子どもを見守って行けたことは大きいメリットであったと思います。また地域の人たちも子供の教育に参加して、地域ぐるみの道徳教育が上手く回っていた実績があったのです。このような状況の下では、確かに不登校の子供の数は少なかったのです」

ミドリさんが次のように補足しました。

「戦後の社会において核家族化が進み、夫婦が主体の家庭になって女性の境遇が大いに改善されたことは良かったと思います。わたくしが一世代早く生まれていたら、母が経験したような封建的な家の中で苦労したことを思うと、ぞっとするわ。私たち団塊の世代の人たちの場合は、それでも専業主婦として家庭内で子どもを育てるケースがかなりありました。ところが団塊世代よりも一世代も二世代も若い夫婦になると共稼ぎが圧倒的に多いわね。従来の『家』は崩壊して、『家』の存続は問題視されなくなってきつつあるけれど、それでも各家庭の中では「うちはお家断絶だ」とか「先祖から引き継いだお墓をどうしよう、墓仕舞いをすべきかどうか」などと密かに悩んでいる人が多いのは事実です。核家族化で夫婦だけ、あるいは一人暮らしの世帯が多くなっている現在は、今述べた問題が顕在化しつつある過渡期であると思います。高齢者の一人暮らしは時間が経てば死に絶えて、後に空き家を残すことになりますが、問題は親の財産を相続して結婚しない引きこもりやフリーターのケースです。親の財産に頼ったパラサイト生活を続けている人が、自分が高齢者になって高齢者福祉あるいは高齢者介護の援助を受ければ良いと思っているなら、それは甘えた考えです」

セイさんが私の故郷の小野の里について話し始めました。

「パンプキンさんが住んでいる小野の里は中山間地域で、宇部市の中でも高齢化・過疎化が進んでいると思うのですが、最近は地元でどのような対策をしていますか。以前、パンプキンさんの家に泊めてもらった時に、近くの『アクトビレッジ小野』と言う施設に行きましたね。ちょうど春のワサビの時期で、手打ちのワサビ蕎麦が美味しかったのを覚えています。また、小野湖に行く途中の二俣瀬（ふたまたせ）と言うところにビオトープが整備されていたと記憶しています。今はどのような状態ですか」

パンプキンさんは次のように答えました。

「山口県の秋吉台の近くが源流の川が小野湖に流れ込んで、その下流は厚東川となって瀬戸内海にそそぎ込んでいます。小野湖の湖畔に宇部市が『アクトビレッジ小野』と言う自然環境の学習の場を作りました。セイさんが覚えている手打ち蕎麦のお店は、残念ですがとっくの昔に閉店しました。宇部市の小学生は3年生の時に環境学習の一環として、宇部市がチャーターしたバスに乗って全員がこの施設にやってきます。お弁当持参で小野茶の茶摘みなどの実習や、戸外の自然環境の体験学習を経験して帰ります。地元のＮＰＯが宇部市からの受託事業として運営していますが、環境学習だけでなく地元の人たちがもっと積極的に利用しないといけないと思っています。セイさんがおっしゃったビオトープは大学の先生とＮＰＯの人たちが整備して来ました。私も小学生の時にお母さんと一緒にビオトープのトンボの観察会などに参加して、楽しかったことを覚えています。でも、ボランティアの人たちの高齢化が進み、ビオトープの存続が危ぶまれていると聞いています。」

「パンプキンさんが言ったように、今、ＮＰＯなど民間団体のメンバーの高齢化が進んでいますね。若いメンバーと世代交代が上手くいくと良いのですが、それが何処ともうまくいっていない。以前は定年が60歳で、第2の人生はゆっくりと過ごしながら社会貢献をしようと考える人がかなりいました。体力的にも余裕がある年齢ですから環境団体などへの協力を申し出る人も、そこそこいたのです。ところが最近は70歳まで働く人がほとんどになって、今後はもっと高齢まで働く必要がありそうです。身体が動く限り働いて賃金を得て、いよいよ楽にしたいと思う時には、社会貢献をする余裕がなくなっているのです。それでも、地域の人たちが子ども達や生涯教育を行う場を作って、登校拒否や引きこもり対策を行うことは必要なことです。幸い宇部市には複数の大学や高専があり、地域社会の人づくりや生涯教育のためのボランティアの供給源があります。行政と教育機関、そして民間団体が協力体制をしっかりと作って地域の活性化を実現すべきでしょうね」

セイさんが現代の都市生活者に対して次のような苦言を呈しました。

「最近の都会における物価の高騰、住居環境の経費高騰などは目を覆うものがあります。またテレビなどで喧伝されるレジャーやグルメ、ゴージャスなリゾート施設なども、別の見方をすれば高価でも出費を厭わない人たちがいるから成り立つのです。まるで現代のソドムとゴモラが日本のあちらこちらに出現しているように思われます。芸人と呼ばれる人たちに代表されるタレントたちは、テレビ局が企画するコストの安い番組制作に乗せられて、一時の虚名を追い求めて見るに堪えないトーク番組を作り続けています。質素な生活を目指しているわたくしから見ると、狂奔する人たちは金の亡者となって本来の人間の姿を見失っているように思われてなりません。パンプキンさんには社会の風潮に惑わされず質素で着実な人生を歩んで欲しいと思っています」

パンプキンさんはセイさん、ミドリさんとの午後の対話が終わって、三人で夕食の準備をすることとしました。明石蛸のカルパッチョとポークピカタを夫婦で作り、パンプキンさんはほうれん草のお浸しを作りました。夕食後に、ミドリさんにプレゼントされた茜色の夏用ワンピースをセイさんにご披露して、山口の両親や弟の話をしました。

ミドリさんが「いかなご」のくぎ煮をお土産にとパックに小分けしました。明石から神戸の地域は、春先にいかなごが水揚げされ、各家庭で「いかなご」のくぎ煮を作ります。ミドリさんもくぎ煮用の大鍋やザルを用意していて、毎年その時期になると家中がショウガと醤油の匂いで一杯になるほど、くぎ煮作りに精を出します。「いかなご」の水揚げ時間に合わせて、近くのスーパーで「いかなご」を買ってくるのですが、最近は水揚げが少なくなったとご近所の人たちも苦情を言っているそうです。ミドリさんは、パック詰めした「いかなご」のくぎ煮をお友達や親せきの人たちにゆうパックで送って、皆さんに喜んでもらっています。明日は、午前中の新幹線で山口に帰り、パンプキンさんの連休前半は予定終了です。

# 第四章　チャンピオンとタッタタラリアさんの結婚と妊娠

五月の連休が終わって、一段と初夏らしくなった週末の昼前に私はゼミの同級生で親友の前田花奈さん（ニックネームはカナッペ）と二人で、チャンピオンとタッタタラリアさんのアパートメントを訪ねて行きました。チャンピオン夫婦は共に夜のアルバイトだけなので、私たちに御馳走を作ってくれることになっていました。大学から南に坂道を十分ほど下って行くと、小学校の近くに二人のアパートメントハウスがあります。ドアをノックすると、タッタタラリアさんはちっとも片付いていない部屋でさっさと居場所を作ってくれました。４人は小さなテーブルの周りに座り込んでトークを始めました。カナッペは自分の父母が萩に住んでいること、家が遠いので大学の近くに一人暮らしをしていることなど、自己紹介をしました。タッタタラリアさんが慣れた手つきで、チジミと唐揚げを作って、チャンピオンがビールを持ち出してくると、昼間から飲み会が始まりました。

私はビールが好きなので、今日はバスで小野の自宅に帰るつもりでした。そのため、来る時もバスでした。自宅の畑からルッコラとピーマンを収穫して、かさ張らないように手荷物にして持参しました。

お母さんはチャンピオンにお土産として小野湖の茶畑でとれた小野茶を手荷物に入れてくれました。私の実家は宇部市の水がめと言われている小野湖の湖畔にありますが、自宅の庭から見渡す小野湖の湖面は、特に夕暮れ時は静かな気持ちになって時を過ごすことが出来ます。小野の里はどんどん過疎化が進んでいて、私たちが通った小野中学校は数年前に下流の中学校と統合され、廃校となりました。小野小学校は生徒数が少なっても今のところ廃校にはなっていませんが、近い将来廃校になるだろうと言われています。小野小学校のある湖の上流地域では、秋吉台の近くにある源流からの清流が田畑を潤しており、初夏の頃には浅瀬に大きい鯉たちが産卵にやってきます。冬の渡り鳥の季節には沢山のオシドリたちが渡来して、湖畔のドングリを主食に一冬を過ごします。湖畔の畑には茶畑があって、小野茶のブランドで生産されています。でも近年は高齢化で茶畑を経営する人の数が減少しています。小野茶の生産は途絶えるのではないかと危惧されています。（パンプキンさんは地元の過疎化の問題を考えると、高齢者介護の仕事が良いのではないかと考えた時期もありましたが、子どもが好きなのでやはり公認心理師の仕事を目指そうと決意した経緯があります。）

少しアルコールが回ると先輩に対する遠慮も薄れて、これまで聞きたかった質問をぶっつけてみました。

「益田先輩と実弥さんのなれ初めを教えていただけませんか」

「私が夜のアルバイトをしているスナックに、彼がバーテンとして入ってきたのよ。あれは2年ほど前のことだったかな。最初は変わった人だと思ったわよ。何しろこのような人相と体つきだから、半分はスナックの用心棒のような存在だったわ」

チャンピオンは次のように捕捉しました。

「まあ、俺は何処でもあまり悩まずに生きていけるからね。だけど見かけによらず繊細なところもあるのだよ。そうでないと公認心理師の仕事は務まらないよ」

「私は彼のそんなナイーブなところにも引かれたのよ。彼なら多少の人生の荒波も、苦も無く乗り切って行けると思ったし、私に熱心に言い寄ってくるので、この人と一緒になるのも良いかなと思ったわけ」

カナッペも感心したようにうなずいていました。私もこんな風に結婚を決意で来た二人は幸せだなと思って祝福してあげたい気持ちになりました。

「あなた達には以前言ったことがあると思うけれど、3月上旬にゼミの宮下先生に結婚したい旨報告して祝福してもらった。その後、小倉の両親に結婚の報告と了解をもらって、宇部の実弥さんのご両親にも結婚のお許しをいただいた。それで結婚と言うことになったのだけれど、同棲時代からの同じアパートメントだし、代り映えはしないね」

「それと、まだ秘密にしておいて欲しいのだけれど、先週産婦人科医に診てもらったら、あなたは妊娠していますと、と言われて、ショックだったわ」

「エー、そうなんだ」と私はカナッペと声を合わせて叫びました。

「俺も最初はね、驚いたけれど赤ちゃんは天からの授かりものだし、この際一大決心をして生まれてくる赤ちゃんを実弥さんと二人で育てていこうと決心した」

「二人が三人になっても、生活はなんとかなると思うのよ。おなかが大きくなっても私は働けるだけは働くつもりだし、剛志君にも頑張ってもらわないとね」

タッタタラリアさんは呑気に言っています。

「まあ、俺が就職するまでの我慢だし、夫婦が元気ならなんとかなるよ。今日は赤ちゃんを授かったことのお祝いだから、君たち二人はどんどん飲んでね。実弥ちゃんはこれから禁酒の毎日だよ。その代わり俺が飲むからね」

チャンピオンは一人で嬉しがって飲んでいます。私とカナッペは、妊娠中絶などの選択をせずに赤ちゃんを産むことを決心した二人を祝福してあげようと、うなずき合いました。赤ちゃんが生まれると色々な補助が得られることは知っていましたが、行政からの経済的な援助が充実してくることを心から願わずにはいられません。

「先輩は大学院終了後、どんな職種を目指すのですか？」とカナッペが質問すると、

「まだはっきりとは絞っていないのだけれど、公認心理師の資格を取って、公的機関か医療施設に就職して、高齢者の心理療法の仕事に就きたいと考えている。これからは子ども達の登校拒否や引きこもり、広い世代にわたる鬱状態の人の増加、高齢者の心のケアなど、臨床心理療法士のニーズはどんどん大きくなっていくと思っている。だから俺たちのような公認心理師の就職先は広がって行くと思うので、あまり就職については心配していない。それよりも、この仕事はクライアントとの対話がベースになるから、少々のことでは自分を失わないタフな心の持ち主になることが大事だな。俺は、そういう意味でも夜のアルバイトも自分の心の鍛錬になっていると考えている。君たちは単純にかわいい女の子と言うだけでなく、タフな女性になって欲しいと思っているよ」

「私だって自分を単純なかわいい女の子だなんて思っていません。経験が浅いことは分かっていますが、大学の授業や実習などを頑張るだけでなく、出来るだけ人間の心が分かるように努力しています」カナツぺも次のように続けました。

「パンプキンさんの言う通りです。人との交流を深めて、クラスメートだけでなく社会人とか年齢層の違う人との協働作業が出来る機会があれば積極的に参加するようにしています。パンプキンさんも私も幸い実家からの学費の援助があるので、毎日アルバイトをしないといけない状況ではありません。だから余った時間は出来るだけ色々な経験を積んで、人間を見ていく力をつけるようにしています」

「ワーオ、今年のゼミの後輩はしっかりした人が揃ったな。君たちも大学院を目指しているのだろうね。だったら実社会に出て行くまでまだ十分時間があるので、君たちが言った体験、経験を増やしていく努力を続けなさいよ。俺は俺の道を行く。さあ、今日はお祝いだから飲んだ、飲んだ」

チャンピオンはスナックのカウンターの中でいるだけに、アルコールのすすめ方は上手なものです。タッタタラリアさんは食べ物が無くなったので、隣のドアを叩いて、「何かおつまみになるものは無い？」と言って食べ物を調達してきて、私たちは飲み会の続きを再開しました。私は家の菜園でとれた野菜を、時々タッタタラリアさんに届けようと思いました。

カナッペが修士2年のマサさんとユキさんについて話を向けました。

「修士2年の先輩たちは、県立こころの医療センターとか、色々な病院に現場実習で出かけることが多いようですが、忙しいのでしょうかね」

「俺たち修士1年生は先達て修士論文の主査・副査の先生が決まって、いよいよ論文テーマをどうするかを考え始めている。それに今は大学院の特論と集中講義が目白押しで忙しい。それに相談センターでの実習も始まって、実務の見習いのようなことも始まった。修士2年の先輩たちは現場実習と修士論文の研究とで大忙しのようだよ。それにマサさんは大学院後期課程の受験勉強もしないといけないし、特に負担が増えていて、傍で見ていてもはらはらするよ」

「カリキュラム表で何をやるのか一応理解していたつもりだったけれど、実際に先輩からお聞きすると大学院も大変なようですね」と私が言うと、チャンピオンは次のように力づけてくれました。

「パンプキンさんもカナッペさんも、今は基礎力をしっかりつけて大学院に備えてね。まあ二人ともしっかりしているから大丈夫だよ」

タッタタラリアさんがマサ先輩の体調について気がかりな情報を伝えました。

「マサ先輩は先週から体調を崩して、休んでいるように聞きました。インフルエンザらしいのだけど、ちょっと長引いているのが心配です」

新型コロナが猛威を振るっていた3年前から、大学では対面授業が出来ない時期があったり、学生たちの間でもクラスターが発生したりで大変でした。それでも、ようやく「ウィズ　コロナ」への道筋が見えてきたところです。一方、インフルエンザの流行も重なって、未だにどのような展開が待っているのか良く分からない今日この頃です。

マサさんの恋人のユキさんもさぞかし心配しているのだろうと私は胸が痛くなりました。皆で、マサさんの健康回復を祈る気持ちになったところで、チャンピオンとタッタタラリアさんのバイトの時間も迫ってきて、午後の飲み会はお開きすることになりました。チャンピオンは赤い顔のまま、スナックのカウンターに立つことになりました。

# 第五章　マサさんのインフルエンザ脳症

　チャンピオンとタッタタラリアさんのアパートメントでの飲み会の次の週の水曜日に、チャンピオンが顔色を変えてゼミ室に飛び込んできました。ちょうど私とカナッペが雑談をしている最中でしたが、チャンピオンの様子からコロナクラスターが発生したのかと思い、思わず立ち上がってしまいました。

「マサさんの様子がおかしくなっているらしい」

「先週、マサさんがインフルエンザになったと聞いたのだけど、どういうこと？」とカナッペが尋ねると、

「どうもインフルエンザ脳症のようで、入院したそうだよ」

「小さい子どもがインフルエンザ脳症になることがあると聞いたことがあるけれど、成人でもインフルエンザ脳症になるの」と私が言うと、チャンピオンは

「レアーケースだけれども、大人も脳症になることがあるらしい。ユキさんが宮下先生に報告しているのを、俺がたまたま近くにいて聞いてしまった。インフルエンザのウイルスが脳に入って悪さをするの

でなく、ウイルスに対する自己免疫機能が暴走して、脳の細胞を攻撃しているとユキさんが言っていた。マサさんのお父さんはお医者さんだから、十分な治療はしているらしい。でも急激に症状が増悪して、マサさんの意識がなくなっているとユキさんが話していた」

「ウワー、それは大変じゃないの」と私とカナッペは叫びました。

「宮下先生も心配して、病院にお見舞いを兼ねて病状を聞きに行く、とおっしゃっていた。俺たちも、情報を集めて、マサさんの回復を祈ろう」とチャンピオンは言い残して、ゼミ室を飛び出して何処かへ急いでいきました。

私とカナッペはネットでインフルエンザ脳症を検索してみましたが、重症化した脳症になるとなかなか大変で、死亡率も高いし、予後も意識障害や運動障害が残ることがあるらしくて心配です。ユキさんは多分看病のためだと思うけれど、ここ数日休んでいるようで、私たちも機会を見てユキさんを力づけてあげようと話し合いました。

それから2週間後、大変悲しい情報がもたらされました。マサさんがインフルエンザ脳症のため亡くなりました。脳の細胞の破壊が進行して、とうとう回復が難しかったとのことです。宮下先生を始めゼミの先輩後輩はもとより大学の関係者は全て哀悼の気持ちがいっぱいの状態で、マサさんの葬儀が営まれました。ユキさんは終始、毅然とした表情で告別式に参列していました。恋人同士であることはマサさんのご両親もご存知でしたが、こういう場合のユキさんの立場は微妙で、終始一人で悲しみに耐えている様子でした。それにしても、インフルエンザもコロナに劣らず恐ろしい病気だと改めて認識しました。今年の秋は、インフルエンザの予防接種も受けようとカナッペと二人で話し合いました。

修士2年は現場実習の最中なので、通常だとこの時期に休むことはできません。私はユキさんがどうなるのかと気をもんでいました。案の定、ユキさんは実習に出ていなくて、宮下先生もユキさんのご家族と連絡を取ったそうです。ユキさんは、今年度いっぱい休学して自分の将来を見つめなおしたいそうです。宮下先生がゼミの皆を集めて、ユキさんの休学を知らせました。何とかユキさんに会って力付けてあげたいと思うのですが、連絡が付きません。心配です。

その夜、私はユキさんの夢を見ました。大学2年の時友人と一緒にドライブで由布院から九重連山に行った時に、すごく大きいつり橋があると言うので行ってみたことがありました。それは「九重夢大吊り橋」と言って、吊り橋の長さも水面からの高さも日本有数の吊り橋でした。私たちは、恐る恐る手をつなぎあって吊り橋を往復しました。駐車場から吊り橋の入り口に至る緩やかな下り道の左手に神様だったか仏さまだったか記憶が薄れていますが、小さな社と公園がありました。夢の中でユキさんはそこに一人で佇んでいました。私がユキさんを見つけて駆け寄って行き、両手を取ってマサさんのお悔やみを言い、一所懸命ユキさんを慰めました。ユキさんは吊り橋の標高が高く少し寒いのか、白いプルオーバーに薄緑色のスカートでコーディネートしていました。私は一緒に帰ろうと言い続けましたが、ユキさんは私の手を振りほどいて吊り橋の方に歩み去りました。私は足がすくんで追いかけることが出来ずに、「ユキさん、生きて！　行かないで」と叫びましたが声が出ません。ユキさんの薄緑色のスカートが翻ったように思った時、寝汗でぐっしょりになった私は目が覚めました。ベッドの中で私はもう一度「ユキさん死なないで」と小さい声で言いました。マサさんとユキさんのことは大変悲しいことでしたが、ユキさんには何とか立ち直って欲しいと思います。私はベッドの中で、どうか私の願いが届くようにと祈っていました。

# 第六章　セイさんからの手紙

パンプキンさん、ゼミの先輩のマサさんがお亡くなりになったこと、恋人のユキさんが休学して連絡が取れないことを聞いて、わたくしも貴女のことを大変心配していまます、少しでも貴女の心の悲しみを軽くできればと思ってこの手紙を書いています。

## 6―1　こころを見つめなおす

パンプキンさんはまだ若いから身近な人の死に直面した経験は少ないと思います。ひょっとしたら今回のマサさんの死が最初の経験かな。それとも、もっと多くの人たちとのお別れを経験していますか。幼くして、あるいは若くして命を絶たれる人のことは大変悲しいです。人間の運命に、無慈悲に命を奪われることにパンプキンさんは憤りを感じていることでしょう。わたくしの歳になると本当に多くの人たちとの別れがありました。父母や祖父母との別れ、そして友人知人との別れは年と共に、その頻度が高くなります。そして、命の尊さと生きることの幸せを身に染みて感じるようになります。パンプキンさんもこれからお話しするこころの捉え方を参考にして、公認心理師としての経験を積んでいく中で、生死に関する自分の考えを何時か確立して欲しいと思います。

自分を知ることの第一歩は、私たちの生きている世界をしっかりと認識することです。そのためには文系、理系に関係なく、この宇宙の成り立ち、地球と生命の歴史、生命の科学、素粒子物理学などの一般的な知識を学ぶことです。宇宙の成り立ちと観測結果については、図書館でハップル宇宙望遠鏡による最新の写真を見たり、ビッグバン以降の宇宙の膨張についての本を読んだりしてみてください。地球上の生命の歴史については太古から現在に至る生命の進化の歴史が色々な本に書かれています。また、現代の医学や生科学に関する参考書には人体の細胞の成り立ちと、それらが如何にして生命を維持し、あるいは死に至るのかを明らかにしています。この世界の物質の成り立ちについては素粒子物理学の本が良いでしょう。それぞれの参考書は、かなり程度の高いものも含まれていますが、全部を理解するよりも集中して大事なところを把握して全体の概念を自分のものにすることです。

物理学的に考えると、私たちは3次元の宇宙空間が時間軸に沿って移って行く世界にいます。私たちは宇宙の中に数多く存在する星雲の一つである銀河系宇宙に居ます。銀河系宇宙の中の一つの恒星である太陽の周りを回っている地球上に存在しているのです。この世界の時間は決して逆戻りしません。現在よりも過去の時間軸に位置する世界は、歴史として私たちは記録したり記憶したりすることが出来ます。しかし私たちは映画の［Back to the Future］に描かれたようには、過去の世界に後戻りすることが出来ません。また次の瞬間の未来において、どのような運命が私たちを訪れるのかも知ることが出来ません。この世界の物理法則に基づいて、スーパーコンピュータを用いて例えば地球環境の変化（未来の気候変動）を予測することが出来ます。（あるいは、計算科学の研究者は「予測できたと信じている」と言った方が良いかもしれません。）しかし長時間の計算の過程では、完全なモデルでないが故の正確でない方向性、物理法則に考慮されていないカオスの要素などが入ってきて、絶対に正しい未来の予測結果だとは言えなくなります。サイエンスの分野での未来予測には、このような不確定性を留保しておく必要があります。

私たちの身体や精神の内部情報はあまりにも大きくて、個々の人間の未来予測はとても出来ない困難な問題です。その人間が何十億人も存在する私たちの社会の未来予測は、いくら高性能のスーパーコンピュータを使っても困難です。でも容赦なく変化はやってくる訳で、運命と呼ぶその変化が過酷であれば私たちは打ちのめされて、こんなひどいことは無いと嘆き悲しむのです。人のこころはこのような打撃に対して苦痛を感じる時に、こころを閉ざしたり抑鬱状態になったり、何らかのストレスを発生します。そのストレス状態が酷くて長期に渡って心の回復が出来ない場合は、精神医学やパンプキンさんが目指している臨床心理学療法の出番が来るのでしょうね。わたくしは臨床心理学が専門ではないので、ここではこれまで生きてきた経験と考察に基づいたわたくしなりの生死の覚悟と生きることの幸せを語って行こうと思います。

この世に生を受けた人の命は、悠久の宇宙の歴史と比べると、刹那の命の輝きにすぎません。地球の歴史は46億年と言われていますが、その中で水の惑星が出現して、有機物が生成され、生命が誕生しました。生命の進化は弛みなく続き、とうとう人類が誕生します。その後の歴史の中でも人類の進化は絶え間なく続き、人類のＤＮＡに蓄積されてきました。そのような歴史の最前線にある人類の一人としてわたくしは生きているのです。そして誕生して数十年の後に、避けられない運命として死んで行きます。生命の流れの一環として解釈すると、わたくしは父母からのＤＮＡを受け継ぎ、結婚して子孫を残すことにより後の世代にＤＮＡを受け渡して行くのです。訳あって結婚しない人、あるいは子供を望んでも子宝に恵まれなかった人は生命の流れの受け渡しが出来ません。それでも、その人が生きている間に有形無形で人や社会に絆を作り影響を与えていくことができます。でもわたくしは正直に言いますと、パンプキンさんに結婚して子供を作ってほしいと望んでいます。ミドリさんも同じ気持ちです。

幸せな結婚生活を送るためには、良き伴侶を得ることが前提です。そのためには、パンプキンさん自身が自己を確立して、立派なおとなになることです。結婚相手は早急に探すことは無いと思います。若い時期には相手をよく見ずに恋愛関係に陥り、前後の見境もなく結婚するカップルも多いのです。でも、結婚する二人が成熟した大人でないことから、不幸にして結婚後にトラブルが多発しているのが現実です。恋愛は相手を美化して、自分の心の中に光り輝く恋人が誕生したみたいに思うものです。決して慌てて判断しないように注意してください。色々と若い時期の悩みや過酷な運命に対処していく間に、自然とパンプキンさんが成熟して、ある時果実が熟するように結婚する時期が訪れると思います。良く思い定めて結婚しようとする男性が現れたら、その時こそ燃えるような大恋愛をしてください。悔いの残らない、一生に一度の大恋愛をするのです。結婚しようと決断するときは、貧乏な生活を恐れてはいけません。また、結婚した二人が将来に渡って健康で幸せな生活を続けられるかどうかと不安になることがあるかもしれません。未来の運命は誰にも分かりません。結婚相手を信頼して、果敢に運命に立ち向かっていく覚悟をすれば、結婚の決意が固まると思います。頑張ってください。

出産、子育てについては、昔と違って政府の少子化対策に対する支援策の充実もあって、良い環境になって行くことでしょう。もし、子どもが出来たら天からの授かりものだと考え、大切に育てて行ってください。出来ることなら一人っ子ではなく、複数の子どもを育てることです。兄弟姉妹があることは、子どもにとって非常に大切なことです。経済的な困難さは何とか克服して良い子供を育ててください。それが人として、親としての喜びに繋がります。

さて、パンプキンさんは公認心理師を目指した専門の研究の入り口に立っているわけですが、大学院に進学してクライアントとの接触が始まると早速色々な問題が出てくると思います。助けを求めている人を相手にした若い公認心理師は色々と経験を重ねながら、自分のこころをしっかりと確立していくことが大切なのでしょうね。大学の先生方はその点に十分配慮して指導していただけると思います。何よりもパンプキンさんのこころがしっかりしていることが大切です。わたくしは心理学の専門家ではありません。どちらかと言うと仏教の考え方が主体になっています。でもまあ、人のこころの構造あるいは世界観を知ることは、心理学を志すパンプキンさんとして重要なことと思うので、わたくしの話を聞いてみてください。

## 6―2　わたくしが生きている世界をどう観るのか

自分を知ることの第一歩は、科学的な宇宙、生命、素粒子物理学の正しい認識を心に持つことだと言いました。でも物質の存在に対する科学のみでは私たちのこころの悩みに対する解答が得られないことは、パンプキンさんも良く分かっていることと思います。

「人間はなぜ死ぬのか、生きると言うことはどういうことなのか」と言う問いかけに答えようとするところから、宗教が大切になり、哲学が発生します。哲学は人が生きることの意味を考察するうえで大変重要な学問です。しかしながらわたくしは「死」に関しては、死後の世界を見た生者がいないことから哲学者の思考方式では、一歩「死」に届かないところがあるように思われてなりません。それでは宗教はどうでしょう。

古来、自然の強大な力に対する畏怖のこころから、シャーマニズムが発生し、多神教からキリスト教やイスラム教の発生に至ります。日本においては古来の自然を敬う多神教が存在していたところに、インドで生まれた仏教が中国を経由して伝来しました。仏教は奈良時代の仏教諸宗の繁栄を経て、最澄、空海による天台宗、真言宗が平安時代の国家宗教として確立しました。その後、鎌倉仏教として、浄土宗、浄土真宗、日蓮宗、禅宗（臨済禅、曹洞禅）などが現れ、以後日本人のほとんどすべての人たちは仏教徒としてどれかの宗派に所属することとなりました。私たちが外国人と親しく付き合っていくと、どこかの時点で必ず宗教の話になります。わたくしが自分は仏教徒であると言うと、彼らは自分がキリスト教徒であるとか、イスラム教徒であると言って、暗黙の裡にそれぞれの信じる宗教を尊重することを認め合って、それ以上の議論になりません。ところが、自分は無宗教だと言明すると、途端になぜ無宗教なのかと言うことから始まり、多少の議論を経て「貴方の無宗教は信じられないし、決して良いことではない」と少し軽蔑の念をもって見られるようになります。

日本人の多くが自分は無神論者であると思っている現状をわたくしは非常に憂いに思っています。２０２２年に日本と英国とで二つの国葬が執り行われました。日本では安倍晋三元首相の国葬があり、英国ではエリザベス女王の国葬は英国国教会に伝わる儀式の伝統に則って執り行われました。エリザベス女王の国葬がありました。テレビ中継で日本の多くの人たちもその国葬を視聴しました。一方、阿部元首相の国葬も厳かに執り行われる様子をテレビで中継されました。二つの国葬で一番大きい相違だと感じたのはエリザベス女王が英国国教会の宗教を信じており、英国民の多くも同じ宗教を信じて、教会の国葬を厳かに見守ったことです。ところが日本の首相の国葬は、形式は類似のものでしたが、無宗教でお別れ会以上のことはなくて、わたくしは残念に思いました。私たちはどのような宗教であれ、心のよりどころをもって死を迎えるべきです。

それでは日頃から自分は無宗教だと思っている人は、どのように宗教に向き合えば良いのでしょう。物質世界のこの宇宙に存在している人は、宇宙に関する様々な情報を得て、その情報を自分の脳に蓄積しています。また地球上の生命の歴史や、人間の文化と歴史の情報も蓄積されています。これまで生きてきたその人がかかわりを持ち、絆を持った人々の記憶も蓄積されています。このような膨大な情報が人の脳内にネットワークを形成し、そこに人の意識が生まれてわたくしと言う自我が存在するようになります。ここまでは一般の人たちが考えているこの世界の認識です。

ひとは永久不変の存在ではなく、この世界に存在する限り死ぬ運命にあります。自分が死ぬ運命にあることを自覚することから、人にはこころが存在するようになりました。ひとが豊かで安全な生活を送れることを希求することから医学、工学、経済学などが発達してきました。自分の存在を深く追求することから哲学、宗教、文学、人文科学などが発達し、人が存在する宇宙の学理を極めるために理学も重要な要素です。その中で現代のひとは、自分たち人間の存在が多くの細胞の集合体であることを知ります。人体の細胞数は60兆個とか37兆個と言われています。（それぞれの細胞数のカウントの仕方はネットで調べると根拠が述べられていますが、まあ総数は多数と言うことで良いでしょう）これらの多数の細胞を統合して一人の人間としての生命を維持し、制御するシステムが私たちの身体には備わっています。しかし、細胞は永久に生き続ける訳ではなく、日々同じ遺伝子を持つ新しい細胞に更新されていきます。臓器によって代謝の周期は多少異なりますが、全体として細胞の新陳代謝が正常であれば、身体は3ヶ月で新しく生まれ変わると言われています。この新陳代謝に異常があると癌細胞が発生して、このがん細胞が暴走して増殖し始めると大変なことになると言う訳です。その他の内臓疾患や血液循環系疾患などで重篤なトラブルが発生しても、人間は死に至ります。何れにしても人は死ぬ運命にあることは、それを自覚する時期に個人差はあっても何時かは身に染みて体験するのです。癌、心臓循環系疾患、脳血管疾患に加えて、外部から侵入したウイルスなどに過剰に反応する自己免疫疾患も今後死因として大きい問題となると思われます。医学の進歩は人々の平均寿命を延ばしてきており、現代の人々は高齢者になり自分が衰えつつあることを自覚しながら、死へのこころの準備を進める必要があります。この準備が出来ていない人は、最後の断末魔を迎えても、死後の安寧な心が得られておらず、自分の身体は死んだあと分解して跡形もなくなり、精神あるいは心も無に帰してしまうと思って、恐れ苦しむのです。

死に対する心の準備をしようとした時に、私たちが存在しているこの世界をどのように認識するかが、根本的な重要事項です。私たちの存在する世界は、ビッグバン以降、限りなく膨張していく宇宙にあると説明しました。そしてこの宇宙は引き返すことのない時の流れに乗って、過去から未来に向かって突き進み、現在と言う瞬間に私たちは存在します。宇宙の物質は物理法則に従って存在し、運動し、変化して行きます。私たちの身体もこの世界の生命体の進化によって、偶々この世に生を受けましたが、やがて死んでいく運命にあります。この刹那ともいえる短い時間の間に、私たちは自分の存在の意味と死の意味を悟る必要があります。

わたくしは仏教で言うところの「唯識論」に近い考えを持っています。物質に捉われて「唯物論」的な立場をとると身動きが取れなくなると思っています。私たちは五感で知覚できる世界を人それぞれのこころに持っています。この世界は個人の経験、記憶によってその人に固有の世界を形成します。人のこころの外側にある物質世界は厳然と存在し、轟々と回って行く時の歯車に乗って運命が訪れます。そしてわたくしが物質世界に支配されているとすれば、死と共に身体は分解消失し後には後には何も残らないことになります。これでは死ぬことに何の救いもなく、死に対する恐怖があるだけで、幸せな安楽往生は望むべくもありません。

この物質世界の認識をもう一歩超えないと、私たちは死を迎えた時に、人体を構成する脳も体の諸器官も分解して無くなり後に何も残らない、そしてせっかく蓄積されたこころも消えて無くなると思うより仕方がありません。人は死を怖いものと考え、忌むべきものとして死にたくないと考えます。なにしろ、死後の世界を体験してこの世に帰ってきた人はいないのですから。この本の6―1節に述べたように、3次元空間に存在する我々の物質世界は時間軸の過去から未来に向かって突き進んでいるので、死して再生することは不可能なのですから。

これからは、わたくしが認知しているもう一つの世界のことを説明します。

少し数学の話をさせてくださいね。この世界に存在する或る点は適当な座標変換をすると、今私たちが見ている3次元の世界において別の座標系に写されます。点の集合を座標変換して別の座標に写すことを専門の言葉で「写像」と言います。点の集合は適当な写像を行うと、元の世界とは全く異なった形状のものになります。形状の変化は座標変換の定義によってどうにでも変わり得るのです。また物理の世界を支配する方程式も適当な変換をすることにより、ずっと簡単な方程式になりその解が得られやすくなります。得られた解を逆変換することにより私たちの三次元空間の解に持って行くことが出来ます。(例えばラプラス変換とその逆変換があります) ここまでは数学の話ですが、同様にしてこの世界は恐ろしく複雑な変換則になるかもしれませんが、全く別の世界に、全く別の形態の世界を出現することが出来ると考えられます。この物質世界がわたくしのこころの世界に写像されると、わたくしは全く異なった世界を観ることも出来るのです。わたくしは門前に落ちた一本の杖が心の世界では龍に写像され、その龍がたちまち天に昇って行くと認知することもできるのです。

さて、私たちの経験することとは、五感を通じて認識された世界をこころに形成します。空間的にはわたくしを中心として、ビッグバン以降膨張を続けるこの宇宙の果てを限界と認識した球形の世界を形成します。また、人間の歴史、文化と科学、人との絆で織りなされる様々の事柄は、こころの世界の空間にちりばめられるのです。このように認知された世界は、その人に固有のものであって、他人の世界と一致するものではありません。そして、私たちが死を迎えた瞬間にこころの固有の世界も消失すると考えます。でも、そもそも物質世界とは異にするこころの世界ですから、私たちが生きている現在の瞬間においても、心の世界は空であると覚悟することが大切です。仏教では「五蘊皆空」と言います。五蘊とは「色」(わたくしの身体)、「受」(わたくしの感覚)、「想」(わたくしの表象)、「行」(わたくしの意思)、「識」(わたくしの認識) という五つの自己執着の要素を表しており、これらは皆「空」であると教えます。このように悟るとわたくしはこの物質世界におけるあらゆる束縛、しがらみから解き放たれます。

わたくしのこころにある世界は、今この世に存在する物質世界の宇宙とは同一でなく、あくまでわたくしのこころに形成された固有の情報の世界です。それはわたくしを中心として光速に近い速度でどんどん膨張している球形の内側に、わたくしがこれまで経験し、認知した膨大な記憶がちりばめられている世界です。わたくしは宇宙空間をすごい膨張速度で移動しているのですが、わたくしの球形のこころの外縁よりももっと遠いところに、わたくしが認知できない世界があると考えます。

わたくしが認知できない世界はどのようなものか？

ここで宗教への飛躍が存在するのです。わたくしはこの世界の果てよりももっと外側に、わたくしの世界とは別の世界がありそこには人が仏と呼び、神と呼ぶ存在があると考えるのです。わたくしは仏教徒として生きようとしているので、今言った世界は仏様の（阿弥陀如来がおわします西方浄土）世界とします。キリスト教徒の人は天にましますます父と子と精霊の世界と考えてよいでしょう。他の宗教も同様です。宇宙の果てよりももっと外側の西方浄土と呼ばれる仏国土は、私たちが死なないと行けない遠方の世界なのでしょうか。でもわたくしのこころの世界が西方浄土に写像されると考えると、今生きているこの瞬間に、わたくしは西方浄土にあることにもなります。西方浄土において現世の人々の安楽と救済を祈って、次の瞬間に現在のこころに往還することが出来ると感じるのです。

このように、自由にわたくしのこころを広げて、現実の浮世を穏やかなこころの世界と観ることが出来れば、死はそれほど恐るべきことではないと思うようになるのではないでしょうか。死後の世界は無いと考えたり、死後の世界に行って誰も帰ってきた人はいないと思ったりして、土壇場まで恐怖に包まれるのは良くないと思います。わたくしは死の瞬間にこころは西方浄土に写り、そこでこの世の人たちの幸せと安寧を祈るようになると信じます。それが穏やかな死を迎える方策だと思うのです。西方浄土から現世への往還は、バイリンガルな人のこころの構造と類似なのではないかと思います。わたくしが英語圏の人と会話をして意思疎通を行う時は、英語による思考形態に切り替えます。頭脳の中では英語で考え、英語で言葉を発します。一々日本語を英語に翻訳したり、その逆のことを行ったりしていては間に合いません。日本語の世界に戻ると瞬間的に日本語による思考形態に戻ります。これと同様に、わたくしのこころの世界において西方浄土に写像されたわたくしを感じ、西方浄土を観た、そこで現在の人たちの幸せを念じた瞬間に、わたくしのこころに瞬間的に往還し、そして物質世界のしがらみの中に戻って行くのです。そこで人々への愛を広めていくのです。

わたくしが死んだらこころの世界はパチンと弾けて無くなり、その瞬間にわたくしは西方浄土に写ります。そして西方浄土の片隅でこの世の人々の安寧と幸せを祈ると信じています。死に至る土壇場の身体的苦しみがどうなのかは、その時にならないと分かりませんが、少なくとも死後の世界を恐れることなく、安らかに旅立てることを願っている今日この頃です。

臨床心理学療法に携わる人は宗教をどのように位置づけているのか、わたくしは専門外なので良く分かりません。宗教を否定したうえで、心理療法に携わるべきなのか、あるいは宗教心を持っていてもクライアントとのやり取りで支障になるのかならないのかも分かりません。それでも、公認心理師が自分の心の構造をよく把握して、この世界における自分の立ち位置をしっかりと確認しておくことは大事なことと思います。そのため、わたくしがこの世界をどのように認識して、自分の心をどのように観ているのかを説明して、パンプキンさんに参考にしてもらうことは、決して無駄なこととは思いません。これが今回、わたくしがパンプキンさんに手紙を書いた理由です。

わたくしがこれまで述べてきた死生観は純粋な宗教家から見れば独断が入った不完全なものと言われるかもしれません。でも、何らかの宗教観を持つ必要があると思われるとき、宗派とか教会とかの縛りを受けずに自由にこの世界を観て宗教の（あるいは宗教らしき）こころを自分の中に持つことは許されるのではないでしょうか。パンプキンさんも何れは心に宗教心を持つようになることをお勧めします。

若い時には、ここで述べたようなわたくしの考えに捉われる必要はありません。あくまで論理に基づいた仕事をこなして行って、その経験から人のために役立つ人に成長して行ってください。わたくしも現役の時には、何と言っても論理的思考を大切にして、科学の世界の研究を行ってきました。そうしないと自分の所属する社会において、人との付き合いも仕事の遂行も円滑に行きません。ただし、どの仕事でも「何をおいても人のため」と言うことを忘れてはいけません。人のために自分の仕事を続けているのだと言う自覚を持って、どのような時にも「人を傷つけない」ように注意しなくてはいけません。自分が吐いた言葉で人を傷つけ、自分の行為が人を傷つけるようなことがあってはいけません。人を傷つけるとたちまちわたくしに対する信頼を失い、友を失うことになります。大きい損失です。だから、「優しすぎると言われるほど、人に優しくすること」です。優しいと言うことは軟弱であることとは違います。自分の心をしっかり持って、その上で広い心で人を愛することです。そのような人との接し方をすれば、パンプキンさんはきっと良い人との絆を築くことが出来て、仕事の上でも良いことが起ると思います。

以下はわたくしが若い人たちに贈りたいメッセージです。

- 何よりも、物質文明の欲望に振り回されて、我を忘れた煩悩の炎に焼かれる生活をやめよう。

- 金持ちになろうと思わず、ほどほどの生活を送ることで、満足しよう。
- 科学的実在の世界における活動は、続けながら、自分のこころの世界を認知しよう。
- こころの世界は、どのような視点で見るかによって、現実とは全く異なった世界を見ることが出来る。私たちは仏教の教えを深く心に刻んで、物事が絶え間なく変容し続けていることを認知した上で、その変化を受け入れ、浄土を見るように努力しよう。
- 浄土におわします仏の慈悲を胸に抱き、変化の世をそのまま受け入れつつ、人によくして行こう。
- 死んだ後は、私たちは地球46億年の生命の流れに組み込まれて生き続けながら、浄土においては慈悲深い仏となり菩提心をもって、人々の往生安楽を願おう。
- このような心で日々の生活を送ることにより、病と老いと死からの苦しみが少しでも安楽になりますように。

## 6―3　孤立するな　あなたは一人ぼっちではない

今回、パンプキンさんから知らせていただいたマサさんのことは、大変お気の毒なことでした。ウイルス感染症は怖いですね。また、ユキさんと連絡が取れなくなっていることも気がかりです。指導教授の宮下先生が連絡を取ろうとしておられることと思います。パンプキンさんもユキさんと会う機会があったら、しっかりと力づけてあげてくださいね。

人のこころはかなり柔軟性を持っているとわたくしは思います。死の恐怖、死の悲しみなどは、時が癒やしてくれて未来に向けて生きて行こうとする意欲が戻ってくるものです。人が死ぬことが心に強いショック（外力）を与えると、それに対するストレス（外力に対応する応力）がこころに発生します。ストレスをものともせず前向きの生活を続けて行って、その内にショックもストレスも薄れていくようなこころの人は抑うつ状態にもならず正常な生活を続けていきます。でもショックが強くて心がぽっきり折れてしまう場合は、とても危険な状況に陥りかねません。適切な対応が取れるように周囲の人たちが気を付けてあげるべきです。ユキさんのご無事をお祈りいたします。

阿部セイより

パンプキンさんへ

追伸　この手紙でパンプキンさんには世界の成り立ちについて勉強して欲しいと言いましたが、手っ取り早くは以下の参考書に目を通すことをお勧めします。沢山の参考書ですから一度に読む必要はありませんよ。適当に興味のある書物から目を通してくださいね。

## 参考文献

宇宙の成り立ち（ビッグバン以降の宇宙の膨張、ハップル宇宙望遠鏡による写真）
地球と生命の歴史（地球の誕生と歴史、生命の進化の歴史）
生命の科学（現代の医学や生科学に関する知見）
素粒子物理学（この世界の物質の成り立ち）
以上の項目については、下記の参考書が良いでしょう。

・光と重力　著者　小山慶太　講談社　（２０１５）
・宇宙の始まりと終わり　著者　スティーブン・ホーキング　向井国昭　監訳　青志社　（２０１８）
・物質のすべては光　著者　フランク・ウィルチェック　吉田三知世訳　早川書房　（２０１

7）

・新版量子力学の基礎　著者　清水　明　サイエンス社　（２０１７）

死についての哲学

・死とはなにか　シェリー・ケーガン著　柴田裕之訳　発行文響社　（２０１８）

本書にはイェール大学哲学教授であるシェリー・ケーガン博士の講義録が収録されています。大学における、死をテーマにした哲学の講義は興味があります。本書は哲学の立場から、以下のような論点について明らかにしています。（本書のすべての項目を挙げた訳ではなく、興味深い部分のみを下記に列挙します。）

① 死はどうして、どんなふうに悪いのか
② 死はいつの時点で、私にとって悪いのか
③ なぜ「寿命」は、平等に与えられないのか
④ 「自分に残された時間」を誰も知りえない問題
⑤ 人生の「形」が幸福度に与える影響
⑥ 突発的に起こりうる死との向き合い方

⑦　死と、それに対する「恐れ」の考察
⑧　死を免れない私たちの採れる、最高の人生戦略

これらの論点に対する著者の意見を、ここでは一々述べませんが、哲学者としての明快な論理と考察が述べられています。死について、真摯に向き合い、考える機会を与えてくれると言う意味では、本書は意義があると思います。でも、実際に死に直面して、近い将来に死ぬ可能性が大きくなっている人に対して、心の安寧と救済を与えてくれるかと言うと、何か物足りない感じがします。これは哲学と宗教の本質的な違いかもしれません。これまで、述べてきたように、先ず自分の世界観を確立し、死後の世界を大悟して「死に逝くこと」を覚悟することだと思います。その上で、残された時間を人のために尽くすことが私たちの生きる道だと思います。

大乗仏教について

・　世界古典文学全集　仏典Ⅰ、Ⅱ　　中村　元　編　筑摩書房　（１９６１）
・　大乗仏教概論　　著者　鈴木大拙　岩波文庫　（２０１６）
・　ＮＨＫこころをよむ仏典　　講師　中村　元　日本放送出版協会　（１９８８）

大乗仏教に関する仏典の数は膨大であり、漢文のお経を読みこなすことは困難なので、上記の仏典Ⅰ、

Ⅱの現代語訳を学び、その概念と全体像は2番目、3番目の参考文献で把握するようにしています。わたくしは、中でも維摩経、勝鬘経に興味を持って読みました。

浄土宗、浄土真宗について

・仏説無量寿経、仏説観無量寿経、仏説阿弥陀経　中村　元　他訳注　岩波書店（1991）
・正信偈入門　三木　照国　本願寺出版社（2014）
・歎異抄　金子　大栄　校注　岩波文庫（1931）
・親鸞　吉川　英治　講談社（1975）
・親鸞　吉本　隆明　春秋社（1999）

禅宗について

・正法眼蔵全講（特に第1巻）　岸澤　惟安　大法輪閣（1930）
・正法眼蔵隋聞記　吉田　紹欽　訳注　角川文庫（1930）
・碧巌録　朝比奈　宗源　訳注　岩波書店（1967）
・禅学への道　鈴木　大拙　アートデイズ（2003）

・　禅者のことば　鈴木大拙講演選集　CD版　アートデイズ　（２０１３）
・　禅問答と悟り　鈴木　大拙　春秋社　（１９６０）
・　禅百題　鈴木　大拙　春秋社　（１９６０）

# 第七章　パンプキンさんからセイさんへの返信

夏休みが近づき、私の実家のある小野の里では水田の稲が順調に大きく育っており、夜はカエルの鳴き声がかまびすしくなってきました。河鹿の鳴き声なら良いのですが、低音の大きい声が響くのはウシガエルです。外国から食用に輸入したのが自然繁殖して何処にでもいるようになったそうです。私も何度か捕えられたウシガエルを見たことがありますが、その大きさにびっくりしました。あのカエルを食べろと言われても、どんなに美味しくても食べる気にならないと思いました。

セイさんからの長い手紙を読んで、私は今どうすべきかを考えました。大学では4年生のカリキュラムをどんどんこなしていかなければならないし、セイさんの手紙に会った参考書も読んで、私のこころを見つめなおす必要もあります。昨日まで心理検査や知能検査の実習があり、そのレポートの作成に追われていました。また、チーム医療論の授業も始まっていて大忙しです。カナッペと協力し合って何とかこなしています。この週末は時間が取れたので、これからセイさん宛ての手紙を書こうと決心しました。以下はセイさんへの手紙のコピーです。

セイさん、先日はお手紙をありがとうございました。私のような小娘にはとてもとても理解できるような内容ではありませんでしたが、私ことパンプキンさんなりに解釈し、決意したことをお手紙にしますね。

先ずユキさんのこと。

あの後、ユキさんはふらっと一人旅に出て、ご家族も宮下先生も大変心配しました。でも10日ほど経ってユキさんは広島県の鞆の浦にある実家に戻ってきました。沖縄の離れ小島に滞在して、毎日海を見て過ごしたそうです。きっと南の海はユキさんの心を癒す力を持っているのだと思います。今年度は休学届を大学に提出しているので、実家の手伝いをしながら自分を見つめなおしたいと言っているそうです。鞆の浦の波静かな美しい瀬戸内海を見ながら、ユキさんのこころが癒やされて、元気になることをパンプキンさんは祈っているのですよ。

セイさんのお手紙に私はとっても力づけられました。セイさんのこころの世界や宗教のことについては、現在の私にはあまり理解できません。いただいた参考書で勉強しながら、先ずはこの物質世界についてよく知ることですね。それから宗教の世界や「生と死」についても考えています。セイさんのこころはこれから実際の仕事をして人生経験を積んでいって初めて分かることなのでしょうね。

私の学んでいる臨床心理学は大学受験の時に想像していた以上に面白い内容です。私、パンプキンさんが公認心理師の資格を得て、実務についたら沢山の子ども達の悩みと苦しみをいやしてあげるのです。そして何時かセイさんのこころの高みに登り、人に優しくして、死を恐れないパンプキンさんになるまで努力していきます。

ありがとうございました

セイさんへ

パンプキンさんより

# あとがき

多くの子どもはなんの屈託もなく、健康に育って行きますが、どうしても何らかの障害を持って生きて行かなければならない子どももいるのです。そのような子供は自分の置かれた状況を不条理だと思いながらも、否応なく適応して生きていくことになります。でも、こころは悲鳴を上げてそのストレスから徐々に傷ついて行きます。その心の痛みを救うために公認心理師を始め、心理療法の医師や介護関係者などがチームを組んで適切なケアを行うことが望ましいです。そのようなケアの中で最終的に生きる力を得るのは障害者本人の自己治癒能力です。自分の心の中で障害に対して決着をつけ、人生を前向きに生きようと決意する時にその人に対するケアが完結すると思います。本書の前半では著者の経験をもとに虚実とり混ぜて身障者の自己治癒能力と生きる力の大切さを描きました。

身体障害者でなくても、いじめや自分の思い通りにいかない状況が引き金になり不登校や引きこもりになる児童や若者の数が激増している昨今です。また、結婚しない若者の増加と少子化傾向については人口減少が引き起こす近い将来の日本の危機だととらえて、政府も色々な施策を提案、実施しようとしています。該当する人たちは生活が少しでも楽になると喜んでいるようですが、どの程度人口増加に効果が出てくるのかは未知数の部分があります。新規の施策に直接関係のある人以外の一般大衆は相変わらず無関心な態度を取り続けます。しかしながら、結婚しない子どもを持つ親は莫大な数に上ります。若者にも親たちにもそれぞれの言い分があることは十分承知の上で、著者は敢えて真剣な親子の対話をすべきだと主張しました。そのためには親が自分の人生を見つめ直して生きることの大切さと家族の幸せを再認識することです。その上で、子どもと膝を突き合わせて語り合うことを勧めます。この親子の対話が子どもの大人への成長と結婚に対する認識を改めることに効果がありますように。

パンプキンさんは中学校でバレーボールに打ちこんでいる著者の孫娘の将来を想像して描きましたが、パンプキンさんだけでなく全ての若者たちが一所懸命に生きて、幸せな未来をゲットできるように、心から祈ります。

本書を執筆するにあたって、臨床心理学専攻の大学院生との触れ合いの場を設定していただき、また原稿について心理学者の立場から著者の理解不足の箇所を色々とご指摘、ご助言していただいた宇部フロンティア大学の三島瑞穂先生、立川美香先生に深く感謝いたします。

令和5年4月

著者　薄井　洋基

## 著者略歴

薄　井　洋　基

１９４６年生まれ　本籍　香川県
１９６９年　京都大学工学部卒業、
１９７４年　京都大学大学院化学工学専攻博士課程を修了
１９７５年　京都大学工学博士
１９７６年より山口大学講師、助教授を経て

1989年　山口大学教授
1997年　神戸大学教授に異動
神戸大学工学部長、理事副学長を経て
2009年　停年退職、神戸大学名誉教授

**臨床心理学教室のパンプキンさん**
心の痛みを持つ人の自己治癒能力と
生きる力の再生についての物語

2023年12月31日発行　　著　者　**薄井洋基**
発行者　**海野有見**

発行所　株式会社 22 世紀アート
〒103-0007
東京都中央区日本橋浜町 3-23-1-5F
電話　03-5941-9774
Email: info@22art.net　ホームページ：www.22art.net

発売元　株式会社日興企画
〒104-0032
東京都中央区八丁堀 4-11-10 第 2SS ビル 6F
電話　03-6262-8127
Email: support@nikko-kikaku.com
ホームページ：https://nikko-kikaku.com/

印刷
製本　株式会社 PUBFUN

ISBN : 978-4-88877-275-4